未来领袖摇篮
系列丛书

**WEILAI
LINGXIUYAOLAN**

1898

**PEKING
UNIVERSITY**

卢宏学 | 编著

北京大学
梦想殿堂

PEKING UNIVERSITY
Dream Palace

中国出版集团
现代出版社

图书在版编目(CIP)数据

梦想殿堂：北京大学 / 卢宏学编著. —北京：现代出版社，2013.2
（2021.8重印）

（未来领袖摇篮）

ISBN 978-7-5143-1383-3

Ⅰ.①梦… Ⅱ.①卢… Ⅲ.①北京大学—青年读物②北京
大学—少年读物 Ⅳ.①G649.281-49

中国版本图书馆CIP数据核字(2013)第026842号

编　　著	卢宏学
责任编辑	刘春荣
出版发行	现代出版社
通讯地址	北京市安定门外安华里504号
邮政编码	100011
电　　话	010-64267325 64245264（传真）
网　　址	www.xdcbs.com
电子邮箱	xiandai@cnpitc.com.cn
印　　刷	北京兴星伟业印刷有限公司
开　　本	700mm×1000mm 1/16
印　　张	12
版　　次	2013年2月第1版　2021年8月第3次印刷
书　　号	ISBN 978-7-5143-1383-3
定　　价	32.00元

版权所有，翻印必究；未经许可，不得转载

前 言
QIAN   YAN

　　如今已步入不惑之年,记忆中的一些事情好多都已如烟消云散,不过有一个问题始终萦绕心头,我高中毕业的时候,家里的生活非常艰难,父母为什么还让我读完大学呢? 这个问题困扰我已经20年了。终于有一天,我明白了,父母想让我换一种生活方式;他们不希望我沿着他们的生活轨迹前行!

　　古人说:"行万里路,读万卷书。"这句话实在深刻! 对现代人而言,行万里路易,读万卷书难。科技的车轮正以惊人的速度滚滚向前,终日在电脑和千奇百怪的机器前忙碌的现代人,用电线、光缆、轨道和航线把地球变成一个村落,点击鼠标,我们可以在世界的任何一个角落把自己随意粘贴。好多人已经认为读书没什么用! 读书是在浪费生命。于是,面对现代文明,缺少了读大学修炼的底蕴。我们频繁遭遇对面相逢不相识的尴尬,不断地积聚那些源自心底的陌生。为此,我们渴望一种深层的理解,渴望一种心灵的历练,以让脚步和心灵能够行得更远。

　　大学有着上千年文化的厚厚沉积,大学有着上千年文明的跌宕起伏,大学有着上千年社会的沧桑巨变,这足以让你惊叹,让你震撼。大学给你的感觉是那样空灵,那样清新,那样恬静。追昔抚今,历史的长廊仿佛就在眼前。生命却耐不住"逝者如斯夫"的侵蚀,大学生活也是必需的人生

经历。大学的魅力，与其耳闻，不如亲见。大学生活可以弥补我们时间的缺失，增值属于我们的光阴；大学可以把智慧集腋成裘，让我们的生命成就高品质的价值。

在任何一个团体中，总有某一个人充当着核心的角色，他的言行能够被团体认可，并指引着团体的某一些决策和行动。我们可以把这种人所具备的人格魅力称为"领袖气质"。环境是一种氛围，一种智慧，一种"隐性课程"。我国古代有"孟母三迁"的故事，说明环境对人才成长的重要性。

在良好的教育环境中，人才更能轻松愉快、自由主动地去发现、思考和探索，从中获得知识经验，在情感、信念、意志、行为和价值观等方面得到潜移默化的熏陶；成长环境有助于显示今天的行动与明天的结果之间存在的永久联系。在这里，曾经出现过无数的政治、经济、军事、文化等各个行业的领军人物。他们用行动证明：最具实力、特点的学府，才能真正缔造别具一格的人才。

本丛书选了最具代表性的世界名校20所。通过对这些名校的概况、教学特点、培养的名人等的介绍，意在深度挖掘人才成功之路上不为人知的细节，同时剖析名校培养人才的根本原因所在，是一部您一定要读的人生枕边书。

尽管我们付出了诸多辛苦，然而由于时间紧迫和能力所限，书稿错讹之处在所难免。敬请各方面的专家学者和广大读者批评指正。我们不胜感激！

编者

2012年11月

目　录

开　篇　大学是未来领袖的摇篮

大学,是社会的良心,是天才的渊薮,是文化与思想的栖息地,也是每一个青少年成为未来领袖的摇篮。每所大学都有独特的文化和性格。一所大学能反映一个城市甚至一个国家的精神气质。大学是今天与未来的桥梁,认识一所大学,可以树立一个梦想;树立一个梦想,可以创造一个人生。

第一章　名校广视角

"这真是一块圣地。数十年来这里成长着中国几代最优秀的学者。丰博的学识,闪光的才智,庄严无畏的独立思想,这一切又与先于天下的严峻思考、耿介不阿的人格操守以及勇锐的抗争精神相结合。这更是一种精神合成的魅力。"
　　　　　——北大中文系著名教授谢冕在《永远的校园》中如是说

第二章　北大精神

> 　　北大精神可以概括为"独立之精神，自由之思想"。独立之精神，包括独立人格、独立思考、独立判断等等，而最难能可贵的，则是独立人格，因为它是独立精神的基础。自由之思想指的是思想自由。

第三章　北大的气质与魅力

> 　　作为中国最具精神魅力的学府，百余年来，这里成长着中国几代最优秀的学者，他们从这里眺望世界，走向未来，以坚毅的、顽强的、几乎是前仆后继的精神，在这片辽阔的国土上传播文明的种子。它不是一种物质的遗传，而是灵魂的塑造和远播。

第四章　做“象牙塔”的追梦人

百余年来,北京大学校园中人才荟萃,英才辈出,为民族复兴、国家强盛做出了奠基性和开拓性的贡献。

开　篇　大学是未来领袖的摇篮

　　大学,是社会的良心,是天才的渊薮,是文化与思想的栖息地,也是每一个青少年成为未来领袖的摇篮。每所大学都有独特的文化和性格。一所大学能反映一个城市甚至一个国家的精神气质。大学是今天与未来的桥梁,认识一所大学,可以树立一个梦想;树立一个梦想,可以创造一个人生。

领袖是怎样炼成的

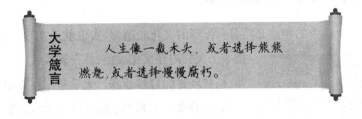

大学箴言

人生像一截木头，或者选择熊熊燃烧，或者选择慢慢腐朽。

做一个出类拔萃的领袖

要想真正成为一名出类拔萃的领袖，必须在工作、生活各个方面具备过硬的素质。从某种意义上说，领袖必须成为人民的理想楷模。这不仅是指通常所理解的"德"，而且也是指同样重要的"智"。一个真正的领袖必须拥有远大的抱负，拥有异于常人的智慧，超常的适应能力，服务大众的态度和引导舆论的能力。

一个好领袖必是一个好的聆听者，并掌握与人沟通、表情达意的技巧。他充满自信，具有很强的分析能力，亦必毅力过人，并能不断自省以求进。英国首相温斯顿·丘吉尔说过："成功不是终点，失败也并非末日。最重要的是具备勇气，一直前行。"当一个人为实现梦想苦苦追寻的时候，需要这样一种意志和品格。

坚持，是一种信念。无论在国内，还是在国外，要获得最美丽的人生，

要实现自己最大的价值,要能够对社会、对他人有所回报,就要坚持自己的目标和梦想。

坚持,是一种过程。这个世界上,天上掉馅饼的事儿几乎为零,或者没有什么事情是一蹴而就的。在梦想实现之前,需要耐得住寂寞、孤独和暂时的不成功。

坚持,是一种生活方式。学习也好,工作也好,生活也好,都需要用一种坚持的态度去完成。这种生活方式可以磨练自己的意志力。坚持住人生信念,没有什么困难是不可以克服的。

做富有文化底蕴的智者

一个优秀的领袖必然有着深厚的文化底蕴,其实也就是文气。文气是指一个人的内在文化底蕴、外在儒雅气质、文化修养、精神境界的自然显露。大学是保存知识、传播知识、创造知识的殿堂,是培养人才的摇篮,是先进文化的策源地和辐射源。大学领导者作为知识分子的领袖、楷模和标尺,如果自身没有知识、没有文化、没有学问,即没有所谓的"文气",就不会得到师生的尊重、敬仰和爱戴,就很难引领大学的发展。

【领袖语录】

读书时不可不有己见;读书后不可无己见。

修炼文气,须多读书,成为大学者。"腹有诗书气自华"。要养成儒雅的文气,就必须博学多识,不仅学习教育学、心理学、管理学、领导学、经济学等知识,还要多读经典古文、传统诗词、名家名篇,广泛涉猎经济、政治、文化、社会等各方面,学贯中西、通晓古今,努力成为著名学者。纵观做出卓著成绩的校长,他们都是某个学科领域的专家,同时也对人文社会科学知识有深厚的积淀。如北京大学原校长蔡元培是哲学家、美学家,还通晓教育学、心理学、生理学,堪称大学问家。

修炼文气,须多思考,成为思想家。文气的养成是为了提高个人素养,促进工作实践,而思考是学习与行动的桥梁,"学而不思则罔"。思考形成思维,思维产生观念,观念形成思想,思想决定行动。因此,大学领导者必须学会思考,并多思考。要明了大学的性质,知晓大学的历史,把握大学面对的环境和拥有的资源,把文气的养成与改造思想结合起来,与指导实践结合起来,与解决实际问题结合起来。历史证明,成功的大学领导者,一般都是深邃的思考者。譬如,哈佛大学校长博克曾著《超越象牙塔》,指出现代大学不能回避为社会的进步和国家的利益服务;芝加哥大学校长赫钦斯曾著书《高深学问》,反对功利主义,倡导博雅教育;耶鲁大学校长吉亚麦提曾著《大学和公众利益》,探讨大学的性质和在社会中的作用;加州大学校长克尔曾著《大学的功用》,提出了巨型大学的概念。由于他们对大学有深入的思考,不随波逐流,从而把大学办出了特色,推上了新台阶。

修炼文气,须多谋划,成为谋略家。大学领导者是学校的规划设计者,历史上有卓越成就的大学领导者都是优秀的谋略大师。卡迪夫大学前任校长史密斯爵士曾说过,作为领导者,他必须将四分之三的时间花在思考学校方向和战略上,他认为,"校长就是要将自己的办学战略和价值理念传播出去,让学校所有员工接受,然后选择合适的人去实现这些策略。"中国的大学校长都曾经或正在谋划制定"大学发展战略规划、大学学科和师资队伍建设规划、大学校园发展规划",引领大学的发展和振兴。事实证明,大学

【领袖语录】

所谓年轻的心,就是总有一扇门敞开着,等待未来闯进。

领导者只有经常围绕"建设一个什么样的大学,怎样建设这样的大学"的问题潜心思考,精心谋划,才能认准大学发展的根本方向,不至于随着各种思潮的冲击而左右摇摆。

浩然正气的力量

一个优秀的领袖还必须有正气。孟子曰:"吾善养吾浩然之气。"文天祥说:"天地有正气,杂然赋流形。下则为河岳,上则为日星。于人曰浩然,沛乎塞苍冥。"对大学领导者来说,正气就是不媚俗,能引领社会发展潮流。

　　修炼正气,须不媚俗。大学既要防止"滞后于社会"的弊端,但又不简单地"迎合时尚"。这就要求大学领导者的办学理念和行为方式必须因时而变,成为"对现在和未来都会产生影响的一种力量"。但这种适度而明智的变化不是无原则、无限度的,必须是"根据需求、事实和理想所做的变化"。罗伯特·M·赫钦斯在《学习社会》一书中直言不讳地追问:"大学究竟是为社会服务还是批评社会?是依附于社会还是独立于社会?是一面镜子还是一座灯塔?是迎合眼前的实际需要,还是传播及光大高深文化?"这些都需要我们深思。

　　有几个充分表明大学校长不媚俗的例子:1986 年哈佛大学校庆,当时的美国总统里根希望获得哈佛大学名誉博士的称号,但哈佛大学校长德雷克·博克予以拒绝:"里根可以成为美国总统,但他难以获得哈佛的博士学位,因为这是学术称号。"人们称之为"两个 President 之争"。基辛格从国务卿岗位上卸任并退出政坛后,很想回到哈佛大学工作,但被哈佛大学校长婉言谢绝:"基辛格是个学识渊博的人。如果论私交,我和他的关系也不坏。但我要的是教授,不是不上课的大人物。"1957 年北大校长马寅初在最高国务会议上提出他的"新人口论",受到当时权威的批判,但他说:"我决不向专以力压服,不以理说服的那种批判者们投降。"尽管他被迫辞去北京大学校长职务,全国人大常委之职也被罢免,公众的心中却并未消失,马老正直的身影和铿锵之声;历史证明,马寅初不媚俗,不迷信权威,他掌握了真理。

　　修炼正气,须能引领。大学不应脱离社会、孤芳自赏,而应当"与社会保持接触",并"以自己的实力和声望"对科学和重大而紧迫的社会问题、社会现象进行研究,从而对社会可能采取的行动与对策产生影响。赫钦斯说:"大学是一个瞭望塔。"在改革社会中应发挥积极的作用,成为承担公共服务的必不可少的工具,应不惜一切代价加强各种创造性的活动,引领社会前进。普林斯顿大学原校长弗莱克斯纳认为:大学必须经常给予学生一些东西,这些东西并不是社会所想要的(want),而是社会所需要的(needs)。不管社会如何变化,在任何情况下,大学都有对于知识和思想保存的责任,能不断引领社会发展,而不是一味地适应社会。因此,大学领导者应有能力通过引领大学发展来引领社会发展。

底气是做人之本

一个优秀的领袖还必须有底气。底气是做人之根本、根基、根源。底气足,才有真本钱,才有发言权,才有凝聚力和号召力。底气的表现形式就是说话的分量、

【领袖语录】

不要把知识与智慧混淆,知识告诉你怎样生存,智慧告诉你如何生活。

人格的魅力、个人的影响力,就是群众的归属感、信任感和敬仰感。作为大学领导者,必须要有充足的底气。有了充足的底气,才能确立威信,促进事业的兴旺发达,实现大学的价值。充足的底气需要磨练和积累,需要全身心地培育和修炼。

修炼底气,须立大志。底气源于理想和信念。理想和信念是大学领导者的基本内在修养。大学最根本的社会功能就是储存、创造和传递人类文明。大学要创造新的人类文明就要为了真理而追求真理。追求真理本身就是目的,因此,它天然地反对功利主义。大学还要负载价值,守望社会精神文明,给人类以极大关怀。因此大学领导者要树立追求真理、献身真理的大志向。要坚信我们所从事的事业是正义的事业,是伟大的事业,责任崇高而神圣,任务光荣而艰巨。

修炼底气,须善实践。能力是底气的表现。大学领导者在专业上要做专家,管理上要做行家,必须勤于实践善于实践。以华中科技大学历任领导者为例,他们都是善于实践的典范。朱九思提出"敢于竞争,善于转化","科研要走在教学的前面",大力加强科学研究;杨叔子坚持"高筑墙,广积人",大力加强师资队伍建设;周济实践"以服务求支持,以贡献求发展",大力发展社会服务等。正是历届领导者励精图治,实践创新,硬是把一所名不见经传的大学建设成了一所国内外知名的大学。由此可见,大学领导者应该是实践者。他不一定是管理学科的专家,但深谙教育管理之道,善于行政管理,精于用人之道,具有解决和处理各类大学矛盾的能力。

他不一定是专门的政治家,但能够把握大学正确的发展方向,提出适合大学长远发展的办学思想与理念,用先进的办学指导思想推进大学的建设、改革与发展。

修炼底气,须敢成功。成功的大学,领导者会更有底气,有底气的领导者会把大学引向更加成功的境地。正是由于哈佛校长艾略特、劳威尔、柯南特、博克等人成功地将哈佛引向了成功,才使哈佛大学更有了底气;也正是哈佛大学的不断成功,才使哈佛大学的校长更有底气,从而进一步引领大学从胜利走向新的胜利。

大气是一种智慧

一个优秀的领袖还必须有大气。大气,就是大气度、大胸怀、大气魄,大爱心。大学应该有大气。江泽民同志在北大百年校庆时讲:"大学,应该是培养和造就高素质的创造性人才的摇篮,应该是认识未知世界、探求客观真理、为人类解决面临的重大课题提供科学依据的前沿,应该是知识创新、推动科学技术成果向现实生产力转化的重要力量,应该是民族优秀文化与世界先进文明成果交流借鉴的桥梁。"完成这一使命,"大学的党委书记和校长,应该成为社会主义政治家、教育家。"因此,大学领导者应该有大气。

修炼大气,须有大视野。大学之大,根本取决于它的两大直接产品:学术和学生,以及铸成这两大产品的模具:学者、学长和学风。因此大学之大,乃在于学术之大、学生之大、学者之大、学长之大、学风之大。大学领导者要有宽广的视野、开放的精神,兼容并蓄,善于从复杂的现象中看到事物运动的基本态势,抓住基本规律,从眼前的利害中超越出来,突破经验的束缚,对社会需求进行全局的、客观的把握,穿透眼前,看到长远。大学发展的历程证明,大学领导者的视野往往决定大学的发展。纽曼的传统大学观把大学看作是"一个居住僧侣的村庄",弗莱克斯纳的现代大学观把大学看作是一个城镇,而克拉克·克尔的多元化巨型大学观则把大学看作是"一座充满无穷变化的城市"。可见领导者的视野决定大学的视野。哈佛大学校长萨默斯以国际视野改革大学教育，强调哈佛新课程改革要给本科生更多的到国外学习的机会。

修炼大气，须有大胸怀。"一个人胸怀有多大，才能做多大的事业。"大学具有天然的包容性：首先是学科包容。大学包容了传统基础学科，还包容了跨学科、边缘学科和应用学科，甚至为那些已经乏人问津的学科以及尚未获得广泛承认的学科与知识领域留有一席之地。其次是学者包容。大学包容各种各样的学者和学生，甚至为个别行为、个性和思想方法奇特的学者创造宽松环境，使他们按自己的习惯从事活动。再次是学术包容，即包容学术上的各种不同见解。因此，大学领导者在办学理念上，要有开放意识和世界眼光，以昂扬的气势迎接各种挑战，以仁厚的情感容纳学生，以宽容的精神对待学术，以谦虚的心灵接纳新知识；要在选用人才上，有"海纳百川"的大气，以开放的胸怀招揽人才，以宽广的眼光选用人才；在具体工作上，要有团结友爱的胸怀、互以对方为重的风格，要搞五湖四海，不搞小圈子，做到坦坦荡荡、光明磊落，容人、容事、容言。如果说大楼、大师是大学的硬件，大气则是软件，软件与硬件同样重

【领袖语录】
　气不和时少说话，有言必失；心不顺时莫做事，做事必败。

要。在一定意义上，甚至可以说软件比硬件更重要。1953年出生的安德鲁·怀尔斯，10岁时对世界难题费马大定理着了迷，于是立志搞数学。他32岁成了普林斯顿大学教授后好像突然消失了，学术会议不参加了，论文也没有，有人说他江郎才尽了，有人说应该解聘他，但普林斯顿大学校长不为所动，仍然聘他为教授，表现出了大学的大爱，终于在9年后的1994年，安德鲁·怀尔斯破解了费尔马大定理，轰动世界，也使普林斯顿大学声名远扬。

修炼大气，须有大手笔。有了大手笔，才会有大发展。大手笔，要有大气魄，要有超越、怀疑、批判精神。要超越各种形式的禁锢和守旧观念，挑战各种历史理论和权威，深刻批判与反思，进行前提性追问、主体创造与建构。正是因为洪堡的大手笔才使柏林大学得以振兴，成为研究型大学的

【领袖语录】

遭遇鄙视是因为你对别人有威胁，或者有价值，是值得欣慰的。

楷模，从而使大学具有科学研究的职能；正是范海斯的大手笔，提出"威斯康星州的边界就是威斯康星大学的边界"，才使美国大学得以崛起，从而使社会服务成为大学的第三大职能；也正是蔡元培的大手笔改造旧北京大学，才使北京大学焕发出新的青春活力，成为真正意义上的现代大学。大学领导者要有大手笔，就要敢于有所为，有所不为，有所舍弃，敢于砍掉不适合自己学校发展的东西；有所为，有所先为，有所后为，敢于在自己的位置上创新、创造不可替代的业绩。

锐利的士气

一个优秀的领袖还必须有锐气。《淮南子·时则训》所说的"锐而不挫"，彰显的是不畏困难和挫折的精锐士气。锐气就是要有一股子劲，始终保持一种向上的进取姿态，保持高昂的工作热情和工作韧劲。锐气就是在成绩面前不忘乎所以，在困难面前不灰心丧气，不断适应新形势，研究新情况，解决新问题，做到"苟日新，又日新，日日新"。有锐气，才能有所作为，有所建树。

修炼锐气，须讲批判。大学是知识传递与生产的场所，是新思想的重要发源地。不论是知识的传递与生产，还是真理的探求，都应该建立在大学批判责任基础之上。德国社会学家海因兹·迪特里奇尖锐地指出："今天的大学是一些被阉割了的机构，大学教育脱离大多数人的生活现实，研究质量低下，教育道德沦丧。"作为大学领导者要弘扬大学的批判责任，鼓励和支持大学继续扮演那种绝对真理、社会公正和道德良心守护神的角色。

修炼锐气，须讲创新。加拿大阿尔伯塔大学校长罗德里克·德·弗雷泽认为，大学领导者的主要职责有三项：第一，吸引最好的学生到学校读书；第二，吸引最好的教职员工到学校工作；第三，为教职工、学生提供足够的资源，营造积极的氛围，使师生能够有效地学习、创造性地开展学术与科研工作,保证他们发挥最大潜力。大学要做好这些工作,没有具备创新意识和创新能力的领导者是不行的。创新是大学保持生命力的关键所在。历史证明,不满足于现状,勇于改革和创新是优秀大学领导者共同的特征之一。哈佛大学原校长劳威尔说在他任校长的 24 年里,有四大创新:一是设立主攻课和基础课制度,二是设立住宿学院制度,三是设立导师制度,四是设立荣誉学位制度。这些都为哈佛大学的进一步发展奠定了基础。

　　修炼锐气,须养个性。牛津大学原校长纽曼是一个有个性的校长。他认为:大学是传播普遍性知识的场所。知识本身即目的。教育是理智的训练。大学是为传授知识而设的,"如果大学是为了研究,我不知道大学为什么要那么多学生"。他的个性造就了牛津大学

> 【领袖语录】
> 　　没有人可以打倒你,打倒你的只有你自己。

的辉煌。柏林大学原校长洪堡认为,大学的基本组织原则就是两条:自由和宁静,教师和学生为科学而共处,自由地进行各种学术上的探讨。他的个性使柏林大学很快崛起。威斯康星大学原校长范海斯认为,大学的基本

任务是把学生培养成有知识、能工作的公民；进行科学研究，发展创造新文化、新知识；传播知识，把知识传授给广大民众，使他们能够运用知识解决经济、生产、生活、政治等方面的问题。这种理念引领大学走出了古典大学的围墙，使大学获得了新的生命。曾经被毛泽东评价为"学界泰斗，人世楷模"的蔡元培，不仅提出了"囊括大典、网罗众家，思想自由、兼容并包"的著名办学方针，铸就了"北大精神"，更重要的是，他具有"外和内介、守正不阿，勇于任事、敢于负责，宽容大度、民主平等，严于律己、廉洁奉公"的个性，改造北大，铸就了北大的辉煌。

领袖素质

　　远大的理想。纵观历史中的领袖都有远大的抱负，所谓吞吐天地之志。拥有这样的理想才能塑造其人格魅力。人们追随他，绝不仅仅因为他长得帅，而是因为他能带给人们希望，给人们一个远大而美好的憧憬。

大学在青少年成才中的作用

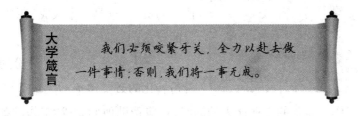

大学箴言

我们必须咬紧牙关，全力以赴去做一件事情；否则，我们将一事无成。

做一个知书达礼的人

大学可以让我们自我发展与完善，大学不仅能帮助学生"读书明理"，更能帮助学生提升修养、品质、智慧。大学教育对于年轻人形成人生观、社会价值观，对于发现和理解生命的意义和人的社会价值有极大的作用。大学是人们的精神家园。

青少年作为明日的社会精英，在大学期间除了读好本科课程外，亦应把握所有机会与同窗多交流，多沟通，以培养人际沟通技巧，学习聆听，也多表达意见。这些同侪间的互动、不断的切磋砥砺，对于培养个人自信心、提高分析和自省能力都有莫大裨益。

大学在现代已经逐渐发展成高等教育系统，由各种类型的高校组成，不同类型的高校的社会职能与社会定位、人才培养目标、对学生的要求、教育教学模式各不相同。就读不同的高校通常与不同的职业生

涯发展有着较为密切的联系。选择大学,应当是个人对大学意义与价值和自身发展设想充分认识基础上的理性判断。从一般意义上讲,今天的大学至少能为学习者提供以下服务。

——大学是探究未知世界的场所。具有好奇心的年轻人与致力于探究未知世界的教师结成共同体,大家志同道合,在满足好奇中推动人的发展和社会发展。这样的职能是其他社会机构无法替代的。

——大学是年轻人交往的地方。大学把四面八方、有着各种文化背景、生活体验与经历的学生汇集起来,让年轻人相互交往并且相互学习,为每一个学习者提供发现不同的交往伙伴的机会。这是一个人成长中极为宝贵的财富。

> **【领袖语录】**
>
> 信仰比知识更难动摇;热爱比尊重更难变易;仇恨比厌恶更加持久。

——大学是实现学生身份到工作身份转化的必要预备。大学在帮助学生形成工作所需要的专业能力的同时,还应帮助他们完成"工作准备",形成个人就业的"配置能力"(个人在就业市场上发现机会、自我判断、抓住机会实现就业的能力)。大学对学生在心理、文化、人际交往、专业等方面的训练,正是为了能有这样的"配置能力"。这是推动学生转型为"职业人"的社会化过程。

——大学帮助年轻人获得安身立命的专业能力。高等教育往往决定多数人终身的专业方向和职业领域,它帮助学生形成专业化的劳动能力,在今天这样分工高度专业化的社会,专业教育具有关键作用。

做适应社会需要的人

现代大学将越来越难以提供人们曾经期待的那种"社会地位配置"作用,而"回归"教育机构的本质。所以,大学生要认真把握大学能提供什么和自己需要什么,在大学里努力提升综合素质和专业能力,给自己的未来加注尽可能多的"能源"。

　　随着世界格局的变化,特别是东西方阵营的瓦解和各国发展模式的调整。原有政治主导或经济主导的状况相应改变。大学的普及成为影响青少年发展的重要因素,也引起青少年组织与社团的高度重视。大学为青少年学习提供动力的同时,为青少年组织与社团开展各种服务、活动、教育提供了机遇。

领袖素质

　　超常的适应能力。领袖的路并不一定是一帆风顺的。有前呼后拥的壮观场面,也有独自一人的低谷阶段。能够适应时局的起落变化,不被挫折打倒,不被胜利冲昏头脑是领袖的生存之道。

伟人的性格特点

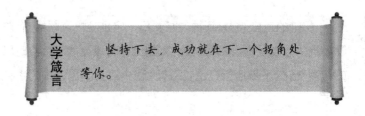

大学箴言

坚持下去，成功就在下一个拐角处等你。

非智力因素的作用

现代心理学研究表明，一个人的非智力因素（性格是其中一个重要方面）在一个人的成才中占有十分重要的作用。一个人具有优良而成熟的性格就能最大限度地发挥自己的精神力量，并能与环境中的他人建立和谐良好的关系。一个人的性格还是其自身品德、世界观的具体标志，是其精神面貌的综合反映和集中体现。

有人对享有盛誉、成就卓著的领导人的性格进行了研究，发现他们共同的性格特征是：实际、客观、求善、创新、坦诚、结交、爱生命、重荣誉、能包容、富有幽默感、悦己信人。这些性格特征是他们造福于人类的信仰的体现，对支持他们始终如一地为实现信仰而奋斗起了重大作用。

美国心理学家台尔曼对150名事业有成人士进行研究，发现性格因素与他们的成功有着密切关系。他们往往具有以下共同性格特征：第一，为取得成功的坚持力;第二,善于积累成果;第三,自信心强;第四,不自卑。考克斯对 1450 年至 1850 年 400 年间所出现的 301 位伟人进行研究,发现他们都有以下优秀性格特征:自信、坚强、进取、百折不挠等。

在社会实践中,对不同职业者还有不同的职业性格要求。例如,做医生要有严谨、认真、细心、安定的性格;做企业家要有独立、进取、坚强、开放、灵敏等性格;而作为军人就要有勇敢、坚强、果断、自制、机智等性格。不具备相应的职业性格特征的人,往往难称其职。

在日常生活和人际交往中,热情、真诚、友善的人受欢迎,生活也幸福;冷漠、虚伪、孤僻、不负责任的人受冷落,生活也多有不幸。

信念的作用

信念,是一种心理因素。信念领导力是战胜挫折、赢得机遇的前提,也是切实的方法。自信的人首先忠诚于自己的信念,这种信念融入你的言行、举止,让你的举手投足都在辅助你的语言所表达的信息,因而让人们相信你的能力和人格。作为一个领导者,信念坚定是战胜工作中的困难,力排干扰,把握时局,打开局面,果断决策和树立领导威望的一个重要的心理优势。

有了信念,才能以最佳心态开展工作、履行职责;有了信念,才能以饱满热情开创事业、完成使命。运动员在赛场比赛,要争得第一,争得一流,不可没有信念;求职者在人才市场应聘,要技压群芳,求得赏识,不可没有信念。一名领导干部,无论是作竞职演讲,还是就职表态,必须保持良好的心理素质和精神状态,以坚定的口气、热情的态度、积极的表现来赢得上级和群众的支持。

自信是一种认识和态度

自信是一种认识和态度,也通过人的风格来表现。美国形象设计大师鲍尔说:"成功男人的风格反映在外表,而优雅来自内在,它是你的自信及对自己的满意,它通过你的外表、举止、微笑展示。"自信并不一定是天生

具有的,它可以通过后天的培养而产生。如果你在生活中认真观察,你会发现这种自信是有感染力的。

心理学家发现,外向的性格和信念是吸引和保持朋友的重要原因。由于自信,朋友和同事愿意跟随着你,上司也会对自信的人高看一眼。因为你具有自信的气势,让别人相信你能把任何事都变成现实。然而信念却不一定需要用语言来表达,它通过你的神态、语气、姿势、仪态等等,无声无息地、由里向外地散发着魅力。

领袖素质

服务大众的态度。领袖并不一定要用暴力主宰一切,事实上暴力统治一般不能长久。长久的领导艺术需要懂得如何服务大众,满足大众。

大学为伟人提供了成才的环境

大学箴言

所谓人才,就是你交给他一件事情,他做成了;你再交给他一件事情,他又做成了。

环境对人的心理和行为具有普遍制约作用。系统论认为,环境是第一个在系统周围能够广泛产生作用的场所和条件。人的心理机能是对环境的长期适应的结果,人的心理和行为取决于当前的刺激、个性特征、整个环境及特征。同时,环境与人的心理和行为是相互作用的,这种关系不仅表现在人类生存的自然环境与人的心理与行为的相互作用,也表现在社会环境与人的心理和行为的相互作用,环境对人的心理、行为产生普遍的制约作用,人的心理、行为又导致环境的改变。

心理学家考夫卡在其《格式塔心理学原理》一书中提出环境分为现实的地理环境与个人意想中的行为环境,他认为行为产生于行为环境,受行为环境的调节。另一位心理学家勒温在《拓扑心理学原理》一书中提出

动力场理论,该理论中的生活空间是指人的行为,也就是人和环境的交互作用。勒温所指的环境是指心理环境,是与人的需求相结合在人脑中实际发生影响的环境,由于人的需求的作用,使生活空间产生了动力,勒温称为引力或斥力。由于生活空间具有的动力,人的行为就沿着引力的方向向心理对象移动。

大学为伟人们提供了一个"宽松"与"紧张"适度平衡的环境。大学的环境往往会创造出一种特有的氛围。耶鲁大学模仿英国牛津大学和剑桥大学的模式,从20世纪30年代开始实行的"住宿学院"制沿袭至今,每个"住宿学院"有300~500名本科生,男女比例对等,配有院长和学监各1名。12个"住宿学院"拥有自己的餐厅、客厅、庭院、图书馆、娱乐室等。学校希冀借此使其学生所受的教育不仅仅局限于课堂知识,而且注重在起居社交时学到做人的道理,并从中获得终身的友谊。

列别捷夫曾说,"平静的湖面,炼不出精悍的水手;安逸的环境,造不出时代的伟人。"在这个高等教育良莠不齐的时代,一所真正的一流大学所能为国家和民族乃至整个社会做出的贡献是不可估量的。

领袖素质

引导舆论的能力。不得不承认,所有的领袖都要有非常好的口才。他必须时刻掌握舆论导向,让思想意识统一在自己的领导方向上。在管理学中,领袖是人际角色中的一类,有着激励和指导团队成员的责任。

第一章　名校广视角

"这真是一块圣地。数十年来这里成长着中国几代最优秀的学者。丰博的学识,闪光的才智,庄严无畏的独立思想,这一切又与先于天下的严峻思考、耿介不阿的人格操守以及勇锐的抗争精神相结合。这更是一种精神合成的魅力。"

——北大中文系著名教授谢冕在《永远的校园》中如是说

第一课　北京大学的历史变迁

它是新文化运动中心和"五四"运动策源地；
它是传播马克思主义和民主科学思想的首倡者。

京师大学堂

北京大学，原名京师大学堂，创办于戊戌变法时期。清光绪二十四年，光绪帝颁布《明定国是诏》，正式提出要兴办京师大学堂。同年7月3日，京师大学堂在孙家鼐的主持下在北京创立，最初校址在北京景山东街（马神庙）和沙滩（故宫的东北）红楼（北京五四大街29号）等处。京师大学堂是中国近代正式设立的第一所大学。

1900年，八国联军侵华，打入北京后，京师大学堂遭受破坏。1902年12月，京师大学堂恢复。吏部尚书张百熙任管学大臣。吴汝纶和辜鸿铭任正副总教习，严复和林纾分任大学堂译书局总办和副总办。创办于1862年洋务运动期间的京师同文馆也并入大学堂。1904年选派首批47名学生出国留学。

清末，京师大学堂被直呼为"大学堂"，是全国最高学府和最高教育管理机构，也是中央政府正式承认的第一所大学，是早期学制规定的全

国唯一的大学堂。

大学堂的第一个办学章程《总理衙门奏拟京师大学堂章程》中提到"京师大学堂为各省之表率,万国所瞻仰,各省学堂皆当归大学堂统辖,一气呵成"。

中国近代第一个学制《钦定学堂章程》("壬寅学制")中规定全国仅设京师大学堂一所大学,"京师大学堂主持教育,宜合通国之精神脉络而统筹之。现奉谕旨一切条规,即以颁行各省,将来全国学校事宜请由京师大学堂将应,京师大学堂本为各省学堂卒业生升入专门正科之地"。

中国近代第一个颁布实施的学制《奏定学堂章程》("癸卯学制")则认为全国可设多所大学,但暂先仅设京师大学堂一所,"中国地大民殷,照东西各国例,非各省设立大学不可。今先就京师设立大学一所,以为之倡,俟将来各学大兴,即择繁盛重要省份增设,并以渐推及于各省"。

自科举制度和国子监相继取消以后,京师大学堂即成为中国唯一最高学府和最高教育管理机构,也成为科举取士制度的替代品。1904年京师大学堂进士馆开学,招收了最后两批科举进士,即癸卯科(1903年)进士80余名和甲辰科(1904年)进士30余名入学;1905年国子监停办时,一批未毕业的学生直接进入京师大学堂学习。

可见,京师大学堂继承并替代了科举制度和国子监,是古代取士制度与高等教育向现代演进的承上启下者。因此,很多学者如胡适、季羡林、冯友兰、周培源、任继愈、萧超然等都认为,京师大学堂(北京大学)是中国自汉代太学以来国家最高学府的唯一正统继承者,甚至北大的历史可以因此上溯到两千多年前汉武帝设立太学之时。

国立北京大学（蔡元培时期）

民国元年（1912）5月，京师大学堂更名为国立北京大学，是中国历史上第一所冠名"国立"的大学，严复出任校长。

民国六年（1917），著名教育和民主主义革命家蔡元培出任北京大学校长，他"循思想自由原则、取兼容并包义"，使得北京大学思想解放，学术繁荣，北大从此日新月异。

陈独秀、李大钊、朱家骅、胡适等一批重要的历史人物都曾在此时期在北京大学任职或任教，鲁迅也在此兼讲师。北大因而成为开风气之先的"新文化运动"中心和多种社会思潮的策源地。

北京大学是中国共产主义思想的重要发源地和中国共产党早期活动的重要基地。北京大学教授"南陈北李"相约分别在南方和北方筹建中国共产党。陈独秀当选为第一届中共中央总书记。曾任北京大学图书馆管理员的毛泽东是新中国的缔造者。

1919年5月4日，"五四"运动爆发。北京大学及北京多所学校的学生在天安门前集会，罗家伦、江绍原、张廷济为学生运动三个代表，罗家伦起草

了《北京学界全体宣言》，随后举行示威游行。军警当场逮捕学生。

蔡元培、李大钊、陈独秀、朱家骅、胡适、鲁迅当时为了营救学生，发动全国工商界罢工罢市。北京学生的爱国运动，得到了各地青年学生和人民群众的同情和支持，学生爱国运动的烈火迅速燃遍全国，发展成为全国性的反帝爱国运动。

1927—1929年间，北大处于动荡之中，并遭到严重摧残。奉系军阀攫取北京政权后，于1927年悍然宣布取消北大，与北平其他八所国立大学合并为京师大学校。

1928年南京国民政府先将其改为中华大学，复改为北平大学，后又改为国立北平大学北大学院。1929年北大宣布自行复校，国民政府于8月6日将北大学院改为国立北京大学。

国立北京大学（蒋梦麟时期）

1930年，国民政府首任教育部长、蔡元培先生的高足、曾三度代理北大校长的蒋梦麟开始执掌北大，翌年一月正式就职。

蒋梦麟先生在胡适、丁文江、傅斯年等人的配合下，对北京大学的行政和教学制度作了很大变更，拟定了北大长期发展计划，明确"教授治学，学生求学，职员治事，校长治校"的基本方针，对学校工作进行了全面整顿。

学校设文、理、法三学院，下设14个学系；蒋校长此次革新的重点在于教师的挑选，其基本想法是对教师只看学术上的贡献，以期将最理想的阵容摆在北大，从而使北大面貌焕然一新。

【北大大学时期】

蒋梦麟掌校期间，正是民族危亡内忧外患之时，而经过亡校风波的北大的教学与科研水平却在稳步上升，被誉为"北大中兴时期"。

实行教授专任制，聘请了一大批知名教授，设置首批"研究教授"，特别是理学院延揽了一大批一流科学家，使北大理科得到较快发展；制定《国立北京大学组织大纲》，明确办学宗旨为"研究高深学问，养成专门人才，陶融健全品格"。

按照美国的大学教育制度，对旧的教学和科

学研究制度进行了大刀阔斧的改革:推行学分制,要求毕业生撰写论文并授予学位。改组北大研究院,设文科、理科、法科三个研究所,推进高等教育的正规化。

蒋梦麟注重校舍的建设与扩充,将汉花园以北嵩公府的房地全部买下,多方筹集资金,1931年北大与中华教育文化基金会设立合作研究特款。动工兴建新图书馆、地质馆、灰楼学生宿舍等三大建筑,修建了大操场;理科各系设施得到相当的改善,到1935年,北大已建成实验室四十多个,实验仪器6716件,标本15788种,药品及实习用具三千一百多件,设备条件居于全国高校前列。

"那个时候,大家自然感觉出一种新的兴奋,那就是打定主意,不顾一切,要努力把这个学校办好,努力给北大打好一个坚实可靠的基础。"从1930年到1937年的七年时间里,蒋梦麟先生一直把握着北大之舟的航向,竭尽智能,总希望这个学问之舟能够平稳渡过中日冲突的惊涛骇浪。北大得以平稳前进,仅偶尔调整一下帆篷而已。蒋梦麟这位中国现代杰出的教育家功不可没。

国立西南联合大学

1937年"七七事变"以后,北平、天津相继沦陷,9月,北京大学奉国民政府令南迁至长沙,与清华大学、天津的私立南开大学组成国立长沙临时大学。1938年临时大学前往昆明,4月2日更名为国立西南联合大学。

全校设文、理、法、商、工、师范五个学院,26个系,由三校校长蒋梦麟、梅贻琦、张伯苓和秘

书主任杨振声组成常务委员会作为全校行政领导机构。1938年5月4日,西南联大正式上课,次年5月北大研究院在昆明恢复并开始招生,研究生学籍分属三校。

西南联大汇聚三校菁华,其阵容在全国首屈一指,可谓大师云集,群星璀璨。在极度艰苦的条件下,联大师生和衷共济,弦歌不辍,以刚毅坚卓精神,维系中华教育命脉,坚持教学和科学研究。

"千秋耻,终当雪,中兴业,需人杰",国立西南联合大学为中国培养了一大批杰出的人才,包括诺贝尔奖获得者杨振宁、李政道,两弹一星元勋郭永怀、陈芳允、屠守锷、王希季、邓稼先、朱光亚,以及90位两院院士;北大研究院毕业生中也走出了国家最高科学技术奖得主黄昆、国学大师任继愈等杰出学者。"神京复,还燕碣",抗日战争胜利以后,联大三校准备复员北归。

1946年5月4日西南联大举行结业典礼,光荣地完成了战时大学的历史使命,创造了中国高等教育史的一个奇迹。

国立北京大学(胡适时期)

抗日战争胜利后,蒋梦麟先生辞去北大校长改任行政院秘书长,国民政府任命胡适出任校长。到任前委由傅斯年任代理校长。傅斯年先生这位"五四"运动的健将、蔡元培先生的得意弟子,对北大充满真挚感情,长期以来为北大出谋划策,关怀备至。担任史学系教授,1939年起还亲自担任久负盛名的北大文科研究所所长。

傅先生此来主要处理伪北大的遗留问题及北大的复原。傅斯年代表北大接收日据时期扶植的伪北京大学,日聘教师一律斥退不用。傅斯年以天才般的办事能力和宏大气魄,尽瘁为北大工作,广延教授,增加数倍之校舍。

除把北大迁往南方的图书资料和其他设施运回外,还把北大附近的相公府、东厂胡同黎元洪旧居、旧国会大厦数处力争为北大校产。将原来的文、理、法三院扩充为文、理、法、工、农、医六个学院,使北大成为门类齐全的综合性大学,为胡适返国担任校长扫除障碍,奠定基础。

1946年7月胡适先生由美返国,9月正式就任北大校长,致力于北大之全面复兴,"把北大做到最高学府,做成今日最高的学术研究机关"。是年双十节在国会街北大第四院礼堂隆重举行复校开学典礼。

胡适先生以其绝高的威望,延揽名师,可谓济济多士,萃集一堂。聘任汤用彤为文学院长,饶毓泰为理学院长,周炳琳为法学院长,马文昭为医学院长,俞大绂为农学院长,马大猷为工学院长,樊际昌为教务长,陈雪屏为训导长,郑天挺为秘书长,设33个学系(其中医学系下设18科)、两个专修科及独立的文科研究所,学生总数3400多人,恢复了比过去更大的光荣。

尤其新组建的工学院,在马大猷先生等人的精心擘画下,呈现出良好的发展势头,先后组建机械、电机、土木、建筑、化工五学系,并已开出航空系课程,短期目标是再建立航空系、矿冶系,达到七个学系的建制规模。

这对于未来国家工业化建设何其重要,惜时局变更,惨遭中辍耳,但是为后来北大恢复工学院、建筑学院等保留了火种。1947年夏,胡适校长拟提议在北大组建原子能研究中心,并亲自联系钱三强、何泽慧、胡宁、吴健雄、袁家骝、张文裕、张宗燧、吴大猷、马仕俊等九人,"皆已允来北大",后因时局变化未果。

同年8月下旬,提出"十年高等教育发展计划",集中国家最大力量培植五所成绩最好的大学。1948年国立中央研究院首次院士选举,北大10位教授入选,位居全国各高校之首。

胡适校长为北大殚精竭虑,短短几年之间,原有的文、理、法三学院均得到加强,增设的农、医学院跃居全国顶尖,工学院也具备了相当实力。此时的北京大学学科设置齐备,实力盛极一时。

然而时局突变,1948年12月15日胡适校长离平南迁,由郑天挺、汤用彤、周炳琳三人主持校务,但表示"我虽在远,决不忘掉北大"。胡适在北大校长任上一心一意致力于把中国的高等教育与大学的现代化建设全力推进到一个可与欧美先进国家接轨的高度。竭力维护教育独立、学术自由和

发展高等学问、提高科研水平，为北大及中国的大学教育忘情投入。1962年2月24日，胡适先生在台湾去世，遗体覆盖北京大学校旗下葬，遗嘱"遗留在北京的102箱书籍、手稿、文件，捐赠北京大学"。

新中国成立后的北京大学

中华人民共和国成立后，政府于1952年对高等院校进行院系调整，清华大学、燕京大学的文理科的部分师资并入北京大学；工学院、农学院、医学院、地质系、政法专业等脱离北京大学，或组建成新的高等院校，或并入其他相关院校。

院系调整后的北京大学迁校址于原燕京大学校址，成为一所以文理基础教学和研究为主的综合性大学，为中国各行业培养了大批人才。

1981年被国务院批准为首批具有博士、硕士授予权的大学。1984年10月，北京大学研究生院成立，具体负责全校研究生的培养、教育和管理工作。

2000年4月3日，同根同源的北京大学与北京医科大学合并，组建了新的北京大学。北京医科大学的前身是国立北京医学专科学校，创建于1912年10月26日。20世纪三四十年代，学校一度名为北平大学医学院，并于1946年7月并入北大。

1952年高校院系调整中，北京大学医学院脱离北京大学，独立为北京医学院。1985年更名为北京医科大学。两校的合并进一步拓宽了北大的学科结构，为促进医学与人文社会科学及理科的结合，改革医学教育奠定了基础。

百余年来，北大校园为人才荟萃英才辈出，为民族复兴、国家强盛做出了不可替代的贡献。据统计，截至2008年，北大校友中已有吴文俊、王选、黄昆、刘东生、叶笃正、吴征镒、徐光宪、王忠诚等八人获得中华人民共和国国家最高科学技术奖（全国共14人），12人成为中国"两弹一星"的元勋，近1000人当选院士，北大的毕

【北京大学学风】

北京大学学风是勤奋、严谨、求实、创新。

业生和教师为中国的自然科学、人文社会科学、医学、工程技术及国防事业、文化事业的发展做了奠基性和开拓性的贡献。北京大学被认为是中国最优秀的大学,被世人称为中国的哈佛。

美国哈佛大学校长在北京大学发表演讲时亦称:"哈佛大学是美国的北大"。据不完全统计,北大的校友和教师有近1000位中国科学院院士、中国工程院院士、中国社会科学院学部委员(院士)、第三世界科学院院士及美国科学院院士,中国自然科学界、人文社会科学界、医学界等有影响的人士相当多出自北大,并且产生了一批重大研究成果。

近年中国高校十大科学进展中,北大均有1到2项成果入选,在教育部科学技术委员会的官方排名中,稳居全国高校之首。北京大学以其突出的影响力吸引着全世界的目光,全世界的政要、学者无不把到北京大学演讲作为中国之行的首选。

北京大学小百科

北大在蔡元培任校长以前,官气较重,因为自国子监、科举制度被取消后,很多人都以北大(京师大学堂)为科举的替代品,以此为仕途捷径。1917年,蔡元培接任北大校长,对北大进行了大规模的改革,使北大呈现了完全崭新的气息。

北京大学自蔡元培时代以来,一直注重科学研究,是中国科学研究重地,科学氛围浓厚。兼容并包、思想自由,从而成为中国的学术中心,乃至"五四"运动和新文化运动的发源地。"民主""科学"也成为与北大密切相关的词汇。这样的历史经过积淀形成了一种具有理想主义色彩的爱国传统,北大师生也不断地为这样的理想而奋斗并付诸实践。

第二课 "一塔湖图"的典故

北京大学是一个名声显赫的学术中心,长期以来,它对中国的科学、文化生活产生了巨大影响。

　　不知从什么时候开始,人们开始以"一塔湖图"(一塌糊涂)来概括燕园的风景,语虽诙谐,却也恰切。多少年来,围绕着未名湖、博雅塔和图书馆,燕园里产生了很多美好的传说,也涌现出了很多巧妙的解释。有人说,博雅塔是一枝硕大的神来之笔,而未名湖则是一方来自天池的巨砚,一代又一代的北大人挥动着这支神笔,饱蘸未名之墨,共同书写了百年北大的辉煌历史,而图书馆则正好是北大百年历史的最好见证和保存者,这样的传说和深化实在是举不胜举。

　　湖光塔影,可说是北大校园最有代表性、最醒目的一景。博雅塔雄健挺拔,体现着北大人自强不息的阳刚之气,未名湖柔波荡漾,象征着北大厚德载物的阴柔之美。塔和湖,一纵一横,一刚一柔,一凸一凹,一阳一阴,一伟岸、一纤秀,一沉稳凝重、一欢快空灵。

博雅塔

博雅塔的设计参照了通州的燃灯塔。燃灯塔初建于北周，后几经毁坏，几经重修。因塔内供奉燃灯佛石雕像一尊，故称燃灯塔。博雅塔"塔级13，高280尺，围104尺，中空"，高仅37米，井深164尺，喷水高于地面十余尺，喷水量达每小时16000加仑（合60560升）。

内部结构中空，有螺旋梯直通塔顶，除基座外全是用钢筋水泥建筑，设计精良。据说当时的建筑施工单位因估工不准造成亏损而倒闭，不得不三易其手。由于当时燕京大学校园内的建筑都是以捐款人的姓氏命名的，且这座博雅塔主要是由当时燕京大学哲学系教授博晨光的叔父（当时居住在美国)捐资兴建的，所以被命名为"博雅塔"。

巍峨的博雅塔和它周围的松柏以及波光荡漾的未名湖构成燕园的一大景观。由于建筑位置的巧妙，在北大内外，梁柱、古树之间，时见它的身影，更增几分秀丽神奇。

博雅塔似一位饱经风霜的老人，默默地站在湖畔，纵观着风云变幻，那紧锁的塔门，就像这位老人紧闭的心扉，包含着人生的悠悠岁月。

湖和塔的天作之合是未名湖畔的神来之笔，永远富有哲理，永远耐人寻味。可以说，湖光塔影已经成为燕园风景中不朽的神话。

博雅塔吸纳了千千万万北大学子的智慧和灵气，它在北大

的地位已经远远超出了塔本身,如果说未名湖是北大的眼睛,那么博雅塔就是炯炯的瞳仁了,"博雅"二字,凝聚了北大精魂中最不朽的图腾。"校有博雅,塔有精魂"。

未名湖

未名湖,它是在原有自然水面的基础上规划整理而成。据知情者说,它的名称是出自钱穆教授的灵感。它能以"未名"而扬名天下,却是因为那些曾在湖边散步、凝神的大师们,是他们自由、深邃而悠远的思想熏陶,让这湖水、这园林生出了一种独特的灵气。有一首诗曾一度在北大流行:

未名湖是个海洋

作者:许秋汉

这真是一块圣地,今天我来到这里,
阳光月光星光灯光在照耀,她的面孔在欢笑和哭泣。
这真是一块圣地,梦中我来到这里,
湖水泪水汗水血水在闪烁,告诉我这里没有游戏。
未名湖是个海洋,诗人都藏在水底,
灵魂们都是一条鱼,也会从水面跃起。
未名湖是个海洋,鸟儿飞来这个地方,
这里是我胸膛,这里跳着我心脏。
就在这里就在这里
让那些自由的青草滋润生长,让那泓静静的湖水永远明亮,
让萤火虫在漆黑的夜里放把火,让我在烛光下唱歌。
我的梦,就在这里。

未名湖的北面是镜春园,在圆明园被焚时它的卷棚顶也随之不复存在,但其木框架却还傲然挺立,并有一老垂花门,门联上写着"乐天知命,

安土敦仁"。多少年过去了,这里仍是林木葱茏,荷塘映绿,在一定程度上保留着旧园的风貌。

在湖上,人们也会注意到与搁浅石舫基座相邻的是一个栩栩如生的翻尾石鱼,它原本是圆明园西洋楼前的遗物,1930年,燕大的毕业生们把它买了回来作为敬献给母校的礼物,从此圆明园中的石鱼便畅游到未名湖中,腾跃于水面,曲尽其美态。

在湖西南的山坡上还有一座玲珑的六角钟亭,亭内悬挂着一口镌有龙、海涛和八卦图案的铜钟,亭外则有古木苍虬与之相依,丛林翠枝与之相拥,它们和谐相伴,又成为燕园中古朴、厚重的一景。而聆听新年的钟声,也已经成为北大人每年岁末辞旧迎新的重头节目。

图书馆

一百多年来,经过几代北大图书馆人的辛勤努力,北京大学图书馆形成了种类丰富、学科齐全、珍品荟萃的馆藏体系。到2009年为止,拥有藏书800余万册。馆藏中以150万册中文古籍为世界瞩目,其中20万册为5至18世纪的珍贵书籍,是中华民族的文化瑰宝。

此外,外文善本、金石拓片、1949年前出版物的收藏均名列国内图书馆前茅,为研究家所珍视。近年来大量引进的国内外数字资源,包括各类数据库、电子期刊、电子图书和学位论文在内已达到数十万种,深受读者

欢迎。

　　北京大学图书馆馆舍历经变迁，目前的馆舍由1975年建成的西楼和1998年李嘉诚先生捐资兴建的东楼组成。2005年西楼改造工程完成，馆舍面貌焕然一新，至此总面积已近53000平方米，阅览座位四千余个。馆舍水平的提升为图书馆面向现代化的发展奠定了坚实的基础。

　　北京大学图书馆新馆于20世纪的1996年7月动工，1998年5月北大百年校庆期间竣工，成为庆典工程，1998年12月中旬正式开放使用。北大图书馆新馆坐落于未名湖南岸、旧图书馆东侧，与旧馆、大草坪相连；新馆由主楼、南配楼、北配楼三部分组成，建筑面积27000平方米，提供2000个座位，可藏书300万册。整座图书馆采用民族化建筑设计风格，内部采用计算机网络系统、光盘数据存储与检索服务系统、数字通信和音像设备、自动化安全监控等当今国际上先进技术设计和系统。

　　新图书馆落成后，北京大学图书馆新旧馆相连总面积超过51000平方米，可容纳藏书650万册，提供阅览座位四千多个。全馆设有采访部、编目部、期刊部、流通阅览部、信息咨询部、自动化部、自动化研究开发部、古籍特藏部、视听资料室、文献服务部、总务科、保安部、馆长办公室及行政部门等。

北京大学图书馆一直把"以研究为基础,以服务为主导"作为办馆宗旨,为读者提供书刊借阅、资源查询、信息与课题咨询、馆际互借与文献传递、用户培训、教学参考资料、多媒体点播等服务,成为北京大学教学科研中最重要的公共服务体系之一。

有北大人动情地写道:"博雅精致,未名秀美,而图书馆则大气磅礴;博雅使人想到中国古代文化,未名常常触动人的感情思绪,而图书馆则用典雅的造型和坚固的钢筋混凝土将古典与现代熔为一炉。如果说未名湖的粼粼波光和博雅塔的巍巍身影代表了北大追求思想自由和科学民主浪漫的一面,那么图书馆则又体现着北大人勤奋、严谨、求实、创新的校风。"这是对"一塔湖图"这个典故的又一诠释。

北京大学小百科

北京大学原校区在北京市中心的沙滩(即北京大学红楼)一带。1952 年院校调整后迁入现校园燕园,也就是被解散的燕京大学校园。校区北临圆明园,南靠北四环,处在中关村地带的北部,周边高校众多,例如东北边的清华大学、东南边的北京航空航天大学,北边的中国农业大学,南边的中国人民大学、北京理工大学、北京外国语大学、中央民族大学等等。

基本上可以分为如下几个区域:东南部的教学区,西南部的宿舍区,中北部的未名湖区。未名湖风景优美,湖东南角伫立着博雅塔。湖畔周围、西侧一直到西门的区域绿荫葱葱,包括第一、二体育馆在内的建筑都保留了传统中式特色(以南阁、北阁为代表)。

第三课　精神文明的学园

文明校园环境产生积极的心理体验,陶冶情操。

文明校园环境产生积极的心理体验,陶冶情操。北京大学延续了百年芳名而魅力不减,不仅因为其拥有一流的教授、一流的人才,还因为拥有那溢满学术氛围的文明校园环境。

校园文明涵括整洁、优雅、卫生、安全的校园环境、学习环境和生活环境及健康高雅、积极向上、丰富多彩的校园文化活动等多方面。文明校园的标准可以用三句话来概括:优良的教风、优良的学风和优良的校风。

文明校园环境对同学们汲取知识、人性发展产生潜移默化的影响,并为安定团结的校园秩序提供了有力的保障。校园文明对每位同学能否顺利完成大学学业,达到预定的培养目标都有着直接的联系和影响。

学习区

北大学子的学习区主要有三教和四教,它们是两栋相连着的五层长方体的建筑,分别被命名为三教和四教,中间连接部分称之为小四教以及理教,其设施要比三教、四教先进得多了,也是能和北大在国内地位相匹配的教学楼。另外还有英杰交流中心,它也属于北大学子的学习区。

三教和四教

这是两栋相连着的五层长方体的建筑,历史的风雨,早已把这两栋楼洗刷得黯淡了,正对着这两座楼的东边,矗立的是高大气派的北大资源集团楼和北大太平洋大厦。但正是这样一个普通的建筑,却是北大最为著名的教学楼之一。

虽然,这里面的硬件设施一般,有的方面已经不能代表北大的地位,但是这里上演了多少堂精彩的课,走出了多少位杰出的人士,留下了多少场爆满的讲座,已经没有人知道了。如今,这里依然是北大学生上课和自习最为集中的教学楼之一。

理教

这是一个蛰伏在北大东边的教学楼群,其设施要比三教、四教先进得多了,也是能和北大在国内地位相匹配的教学楼。这里是北大学生上课最为密集的地方了,每天从早晨的第一节课开始,一直到晚上的第十节课结束。

这里也是北大讲座最为集中的区域,如果这个教室晚上没有被排上课,那十之八九就会被某个讲座活动捷足先登了,能留给学生自习的教室实在是少得可怜。北大教室的利用率也是超一流的,因为北大的教室资源确实比较紧张。

理教能留给北大学生记忆的还有一个温馨的地方,那就是位于一层的小卖部。饿的时候,课间买个面包;馋的时候,买根冰

【北大名人】

陈独秀,中国共产党创始人和早期领导人之一。原名庆同,字仲甫。安徽怀宁人。1915年创办《新青年》杂志,举起民主与科学的旗帜。1916年任北京大学教授。1918年和李大钊创办《每周评论》,提倡新文化,是五四新文化运动的主要领导人之一。

棍,都是北大学子们共同的记忆。

英杰交流中心

作为北大的学生,几乎没有没去过英杰交流中心的,不仅仅是这里处于优越的地理位置,不仅仅是这里面的设施先进,单是藏在英杰交流中心里的两个厅就是你必须要经常到的地方。新闻发布厅,是北大进行相关活动,开新闻发布会的地方,其利用率也非常之高,因为北大每天举办的活动都很多。

阳光大厅就比新闻发布厅要气派得多了,面积也要大很多,这里每天都会上演很多讲演。之所以这里的讲演比较多,而不是讲座比较多,主要是因为这里设施先进,场地费用比较高,所以,这里经常会举行企业的宣讲会或是某个著名企业的CEO的讲演会。

英杰交流中心南门有一大片宽阔的场地,每当在阳光的照耀下,停在那里的靓车总是会吸引北大人的眼球。至少,他们喜欢在这里观赏着时而出现的靓车。在这里奥迪、大众已经不能算得上靓车了,因为这里时而会出现最新款的保时捷跑车、宝马跑车、奔驰跑车、路虎、林肯,围绕着靓车欣赏真是一种享受。

生活区

学习之余,北大学子们经常去的生活区有建校百周年纪念讲堂、静园草坪、三角地和康博斯等地方。

百周年纪念讲堂

关于百周年纪念讲堂的来历,还有一则小故事。说是1996年5月4日,时任国务院副总理的李岚清来到大讲堂出席"五四"大会,谈到大讲堂时,说大讲堂破旧了,已经不适应北大发展需要了。李副总理话音一落,北大学生就给予了热烈的掌声。

正是在李岚清副总理的关怀下,在北大百周年校庆之际建成了如此气派的百周年大讲堂。其规模在北京排名第四,在亚洲高校中名列第一。

如今,大讲堂在北大学生的学习生活中发挥着重要的作用。每年的

【蔡元培说】

"人类之义务,为群伦不为小己,为将来不为现在,为精神之愉快而非为体魄之享受。"

开学典礼、毕业典礼都在这里举行,也可以说这里是你进入北大的门槛,也是你走出北大的门槛,当你有一天毕业时站在这里,仿佛昨天才在这里举行了开学典礼,那是何等的感慨啊!

在北大学生的学习生活中,大讲堂也是一个重要的载体,每年的各种重要文艺演出几乎都会在这里进行。

静园草坪

北大校园的绿是很到位的,绿的范围也是很广的,但没有哪一处绿是如此的连成片,没有哪一处绿是可以躺在上面享受,没有哪一处绿是如此受学生的推崇。这个神奇的地方就是北大的静园草坪。其实,这里的草已经不算是特别的绿了,但这里是天然享受的地方。

常常可以在草坪上看到学生坐在那里,手里捧着一本英语书在默默地背诵,这里确实是个读书的好地方。这里还是北大学生聚会的好场所,夏日的夜晚在这里开个小型生日PARTY,和好朋友共叙友情,也是一种非常惬意的事情。

夜晚的静园草坪,你还会看到一些学生情侣依偎在一起,说着悄悄话,伴着微风,哼着歌,送去彼此的关爱。在夏日的夜晚,将整个疲软的身子躺在柔软的草坪上,遥望着天上的繁星点点,任思绪飞舞,真是一种难得的放松。

它可以消化当天的事务,让快乐的心情和小草共舞,让烦躁的心情伴微风吹散,也可以憧憬未来的生活,抑或就是什么也不去想,只是静静地发呆。你就会明白为什么会有那么多的人留恋静园了。

三角地

说起三角地的大名,或许你在高中时代就听说过,而当你真的来到它的身旁时,你会感到失望。她仅仅是不大的一个三角形的地域而已,没有我想象的宏伟气派。但正是这样的一个地方,却构成了北大人的重要场所,也是北大精神的一种包涵。

三角地,最基本的功能就是她的信息发布台了,每天这里都会贴着很多形形色色的信息,或大或小,或精美或简单,都是你留意的对象。而信息的内容也是五花八门,最常见的就是预告讲座的信息,而那些考试招生广告、租房信息也有着一席之位。

康博斯

北大的康博斯,有着一个时尚名字的食堂,也是北大学生几乎每天都要进去坐会儿的地方。

进入康博斯,就如同你在外边进出"麦当劳"一样的习惯和随意。其实,如今的北大学生看到的是这个无论是装修风格还是食品种类都类似于"麦当劳"的地方;对于更早一点的北大学生来说,这里是北大的老学生食堂,是后来改造而成的。

现在的康博斯,有着三个大厅,最南边的是中餐厅,中间的是西餐厅,

最北边的是饺子馆和面食部。每个厅的人，每天都是熙熙攘攘的，来这里吃饭是基本的目的。

当然，还有其他N种选择了。你会在康博斯的西餐厅里，欣赏到各种牌子的笔记本电脑大荟萃，很多北大学生都喜欢在这里上网。一到饭点，或是晚上，那里简直就成了一个个小型的会议室或聊吧了。

北大的学生喜欢在这里进行非正式的会议，有不少社团活动的策划案都是在这里商议出来的。

北京大学
BEI JING DA XUE

第四课　人文气息的领地

北大校园湖光塔影，飞阁流丹，题词碑刻，林荫大道，满墙春藤，每一处都是一幅标准的风景图。

北大校园湖光塔影，飞阁流丹，题词碑刻，林荫大道，满墙春藤，每一处都是一幅标准的风景图。面对这么多的名景，每个北大学生的最爱也不尽相同。

大多数人一提到北大，脑海里最先闪现的场景恐怕就是北大西门了。那庄严的狮子，古典的校门，毛主席亲题的"北京大学"，都是值得喜爱的理由。虽然，每年的迎接新生都是在北大南门，但是新生们恐怕还是最想从这里踏进北大。

对于能够走进北大的学生来说，这样的门是能够随时见到的，但是那些暂时没有走进北大的或是景仰北大

的人士,抑或是只是单纯地把这里当成一个旅游景点的人来说,都会选择在这样的背景下给自己留下一张倩影。

办公楼——贵宾最多的地方

进入北大西门,正对着西门的一座古典建筑就是办公楼了,办公楼原名叫作"施德楼""贝公楼",是当时燕京大学的主楼,后来北大进驻这里的时候,又是国学大师钱穆把这里定名为"办公楼"。办公楼设计独具匠心,高大巍峨,是如今北大的标志性的建筑之一,更有名的是办公楼的二楼礼堂。

这里的礼堂不知曾接待过多少贵宾了,周恩来总理、江泽民主席、美国前总统克林顿、俄罗斯总统普京等等,都曾在这里做过演讲。能够在办公楼礼堂演讲,算得上一种崇高的礼遇了,虽然它没有如今各种礼堂的那样多功能化,但是这里留给北大人的记忆是最多的。

斯诺墓——最伟大的新闻记者

斯诺墓坐落在原花神庙遗址上。墓碑为一长方形的白色大理石,碑上

镌刻着叶剑英题词："中国人民的美国朋友埃德加·斯诺之墓"，下注英文。墓旁松柏环绕，绿草如茵。迎面一湖碧水，更觉幽静肃穆。

埃德加·斯诺(Edgar Snow1905—1972年)，美国新闻记者、作家，生于美国密苏里州坎萨斯城一个出版印刷业主之家，就读于密苏里大学新闻系。

斯诺于1928年来华，曾任欧美几家报社驻华记者、通讯员。1933年4月到1935年6月，斯诺同时兼任北平燕京大学新闻系讲师。1936年6月斯诺访问陕甘宁边区，写了大量通讯报道，成为第一个采访红区的西方记者。抗日战争爆发后，又任《每日先驱报》和美国《星期六晚邮报》驻华战地记者。1942年去中亚和苏联前线采访，离开中国。新中国成立后，曾三次来华访问，1972年2月15日因病在瑞士日内瓦逝世。

斯诺是一个正直的美国人，爱好和平，主持正义，他十分关切中国的命运，热情支持和保护学生的爱国热情。1935年6月，斯诺又被聘为英国《每日先驱报》特派记者，不久即搬回东城盔甲厂13号居住。

当时正是"一二·九"运动前夕，燕京大学是中共领导学生运动的重要阵地，斯诺积极参加燕大新闻学会的活动，他们家也是许多爱国进步学生常去的场所，燕京大学的王汝海(黄华)、陈翰伯，清华大学的姚克广(姚依林)，北京大学的俞启威(黄敬)等等都是他家的常客。地下党员们在斯诺家里商量了"一二·九"运动的具体步骤，并把12月9日、16日两次大游行的路线、集合地点都告知斯诺夫妇。游行前夕，斯诺夫妇把《平津10校学生自治会为抗日救国争自由宣言》连夜译成英文，分送驻北平外国记者，请他们往国外发电讯，并联系驻平津的许多外国记者届时前往采访。

斯诺夫妇则在游行当日和其他外国记者跟着游行队伍，认真报道了学生围攻西直门、受阻宣武门的真实情况。他给纽约《太阳报》发出了独家通讯，在这家报纸上留下了有关"一二·九"运动的大量文字资料和照片。斯诺还建议燕大学生自治会举行过一次外国记者招待会，学生们再次向西方展示了"一二·九"运动的伟大意义。

北平沦陷后，斯诺在自己的住所里掩护过不少进步学生，帮助他们撤

离北平,参加抗日游击队或奔赴延安。

1960—1970年斯诺曾三次来中国访问,著《大河彼岸》等书。对增进中美两国人民的相互了解和友谊作出了贡献。1972年在日内瓦逝世,按照他生前遗愿,将其骨灰的一部分运来北京,于1973年10月19日安葬在此。

翻尾石鱼——最奇特的鱼

翻尾石鱼是圆明园属园长春园中西洋楼的石刻构件。今存北京大学未名湖西侧近岸水中。

长春园北部的西洋楼景观"谐奇趣"主楼南侧有一大喷水池,翻尾石鱼就是这个喷水池中央的装饰物。此件西洋翻尾石鱼,由黄鹤色细石精雕而成。鱼身长165厘米,高87厘米,下部鱼肚宽90厘米,上部鱼嘴宽42厘米。

圆明园惨遭英法联军和八国联军的两次焚烧、劫掠,使世界名园沦为废墟,珍贵文物流失殆尽,翻尾石鱼也被变卖。后被朗润园主人载涛买下。燕京大学1930年班毕业时,将此石鱼买来送给母校以作纪念。

从此,翻尾石鱼就在未名湖畔安了家。翻尾石鱼是在圆明园之一的长

春园北部，有一组仿照欧洲文艺复兴时期样式设计的建筑，俗称"西洋楼"。这组建筑最西面靠南一点的位置就是"谐奇趣"。

"谐奇趣"建于乾隆十二年，它的前面是一个圆形的大喷水池，周围有雕刻精美的四只羊和十只鹰，嘴里日夜不停地向池中喷水。翻尾石鱼就是这个喷水池里的装饰物，属于西洋石刻艺术。

临湖轩——发生过最多故事的地方

临湖轩原为燕京大学校长司徒雷登(LeightanStuart1876年–1962年)的住宅，部分也作为燕京大学接待贵宾和开会的地方。前北大校长马寅初(1882年–1982年)也曾住此。现为北京大学贵宾接待室。

本院西侧房曾为林迈可(Michael Lindsay)居室。林迈可，英国学者。1937年受聘为燕京大学经济学导师，领导创办牛津大学式的导师制。在当时日本帝国主义盘踞之下，林曾数次秘密访问华北抗日游击区，并在沦陷后的北平为八路军采购药材和无线电器材。1941年珍珠港事件爆发，林氏夫妇在八路军的帮助下进入抗日根据地，在晋察冀和延安参加抗日工作，直到1945年日本投降方携妻及子女返英。新中国成立后林氏曾数次访华。

临湖轩顾名思义是在未名湖畔。它是燕园里现存的最古老的一所建筑。1931年，燕大教师谢冰心为庭院命名为临湖轩，后来由胡适题写了匾牌。

临湖轩体现的是中国古典建筑的特色，它并不大，但是发生在这座轩

子里的故事却很多。临湖轩的前后几位主人中,有两位尤其值得关注:燕京大学校长司徒雷登和北大校长马寅初。1929年,司徒雷登在这里主持了吴文藻和冰心的婚礼。1935年,吴文藻的学生费孝通和王同惠也在这里举行婚礼,主婚人还是司徒雷登校长。

新中国建立之初,临湖轩仍然作为校长宅邸,开始是燕大校长陆志伟入住,1952年,北大迁到燕园,马寅初校长也曾在这里居住并迎接宾客。在马寅初离开校长职位迁出临湖轩后,再也没有一位北大校长在此居住过。这里被改成贵宾招待所。

"文革"期间,临湖轩曾是"梁效"写作组的据点。后归属北大外事处,成为专门接待外宾的地方。

今天,临湖轩作为北京大学的贵宾接待室,每年要接待几十个国家几千名来北大参观访问的外宾(包括外国国家元首、专家和学者)以及港澳同胞和侨胞,中央领导人来北大视察工作时也常常来这里驻足。轩外的古树安静地注视着这里的一切。

蔡元培铜像——最受尊敬的校长

提起北大老校长蔡元培,相信每一个北大师生无不从心底生出一份油然的敬意。因为,正是在蔡先生任北大校长的时候,提出了"思想自由,兼容并包"的办学思想,使得北大的面貌焕然一新,引得一大批贤人志士来到北大讲学。

多少年的风雨过去了,百年的北大正是得益于当初丰厚的营养。如今,蔡元培校长的铜像屹立于燕园,成为北大一道永恒的风景。其实,每个北大学生都知道老校长蔡元培,知道先生是被毛泽东尊称的"学界泰斗,人世楷模",但能真正全面了解老校长当年办学情况的还是不多,在北大百周年纪念讲堂上上演过的一幕话剧《教育就是兴国》,对老校长有了更新更深的认识。

【北大名人】

蔡元培。近代民主革命家、教育家、科学家。字鹤卿,号孑民。1868年生于浙江绍兴府山阴县。1917年任北京大学校长。他在北京大学办校役班和平民夜校,在上海创办爱国女校,对近现代中国教育、中国革命作出了不可磨灭的贡献。

塞万提斯铜像——最勇敢的骑士

提起塞万提斯,你肯定会想到他的名作《堂吉诃德》,但当你步入北大,参观完校史馆后,突然会发现他的身影:身披西班牙风衣,腰挎宝剑,目视前方。你在诧异,这西班牙文学骑士怎么会不远万里来到了北大呢?其实,这是1986年北京市和西班牙马德里市结为友好城市后,马德里赠送给北京市的礼物。

后来,北京市政府又把他安放在北大的校园里,所以,你在校园里看到这位骑士的铜像,更能激励你也要做自己勇敢的精神骑士,只要你敢想,守望着这样一个优秀的大学,你还愁能否达到彼岸吗? 只要你付出足够的努力,一定能!

振兴中华碑——最强的声音

在北大众多的碑石中,位于图书馆旁边有一块"振兴中华"碑,我觉得这是现代北大人发出的最强的声音:1981年3月中国男排在战胜韩国男排后,北大学生喊出的时代最强音"团结起来,振兴中华"。特建此碑,以志纪念。

"振兴中华"石碑上的那四个绿色遒劲刻字,看上去更像是精神上的一种洗礼。

北大校徽——最佳的收藏

北大校徽由鲁迅先生于1917年8月设计完成。"北大"两个篆字上下排列,其中"北"字构成背对背的两个侧立的人像,而"大"字构成了一个正面站立的人像。

校徽突出一个办学理念,即大学要"以人为本"。大学,因大师而大,更因大学生而大。也有人说,上面的是学生,下面的是老师,教师就是要甘为人梯;学生站在巨人的肩膀上,就是要青出于蓝胜于蓝。北大的许智宏校长说,真正的"大"学,学术之大,责任之大,精神之大,尽在其中。许多毕业了多年的北大学生回想起来,都不约而同地提到,北大给学子们最宝贵的是"自由独立,兼容并包"的精神。

北大对你说,一味逞强不可取

庄子在《山木》篇中也讲到了这个道理:东海有一个名叫"意怠"的鸟,这种鸟非常柔弱,总是挤在鸟群中苟生,飞行时它既不敢飞行在鸟队的前边,也不敢飞到鸟队的后边;吃食的时候也不争先,只拣其他鸟吃剩的残食。所以,它既不受鸟群以外的伤害,也不引起鸟群以内的排斥,终日优哉游哉,远离祸患。从这则故事可以看出,柔,并不是卑弱和不刚,而是一种智慧,一种处世的方法。曾国藩对此的理解是:"《扬雄传》云:'君子得时则大行,不得时则龙蛇。'龙蛇者,一曲一直,一伸一屈。如危行,伸也。言孙,即屈也。此诗畏高行之见伤,必言孙以自屈,龙蛇之道也。"

这也就是我们常说的"能伸能屈方为大丈夫"。

比如,水很柔软,用手可以轻轻搅乱;用任何形状的容器盛它,它就呈现出相应的形态;遇到阻碍,它从来不会强冲猛打,而是"绕"过去;水总是默默地流淌,只有在大的落差处才会听见它的声响;水滋润万物,却从来不争……

但是,水并不是一味柔弱的,而是柔中带着刚。水滴能够穿石;巨大的洪水能

【专家这样说】
辩证法告诉人们,事物是有两面性的。

够毁灭一切；河床也会因为水的不断冲刷而不断塌陷；鹅卵石就是水不断摩挲的产物……

【专家这样说】
　　一味逞强不可取，一味懦弱也不可取，只有柔中带刚才是处世之道，也才是生存之道。

正是因为水的柔弱，水才能和万物结缘，也正是因为水的刚强，水才能不被忽视。对人而言，也要柔中带刚。一个人如果总是软弱、后退，那就总是处于被动的地位，总也没有出头的时日；如果总是一味逞强好胜，就会过早遭遇危险，使自己受到伤害，使目标变得更加遥远。只有柔中带刚才能屈伸自如，才能用柔来缓冲内心的创伤，韬光养晦，也才能用刚来奋起拼争，积极向上。

小军(化名)考入北大的那一年是痛并快乐着的，快乐自不必说，十里八村就出这么一个大学生，还是考上了著名的北大，连那些平时不怎么来往的亲戚、邻村的人，都赶来"参观"，从收到录取书到开学的那段日子里，小军家几乎每天都有人来看一看。

痛是小军内心难以承受的，一贫如洗的家这些年已经为了供自己上学债台高筑，比自己小两岁的妹妹也早早外出打工……一提起这些，小军就感到一座大山压在自己的胸口，连喘气都那么撕扯着疼。所以收到录取通知的那天，小军的快乐是夹杂着痛苦的。

以小军的条件向学校申请助学贷款肯定会得到帮助，但是强烈的自尊心让小军张不开嘴。

得知情况的班主任老师理解小军的心情，但并不赞同他的做法。于是，在老师的建议下，他开始勤工俭学，同时做好几份家教，每个周末的晚上还要去餐馆打工，虽然生活费，甚至学费的问题都基本上解决了，但是学业严重受影响，有一科还挂了红灯，这让一直学习成绩优秀的小军难以接受。他来到未名湖畔，强迫自己静下心来，考虑解决问题的办法。

他知道自己这样一味蛮干是不行的，虽然解决了钱的问题，但是耽误了学业那会是更大的损失。在几经辗转之后，他向老师提出了申请助学贷款的请求，在老师的帮助下，小军申请成功，顺利解决了学费的问题，周末

【专家这样说】

　　打不败的并不是那些最强的人，而是懂得什么时候该抵抗，什么时候该躲让的人。

只做两份家教,这样解决了生活费的问题,平时的时间都用来攻读学业,结果不但成绩优秀,而且还拿到了全额奖学金。小军毕业后顺利应聘进入一家大公司,只用了半年的时间就轻松还清了贷款。

　　对十几岁的孩子来说,他们是刚多于柔的,在他们的世界里,冲动是青春的表象,强者永远是被仰慕的,他们总会认为只有自己变得更强才不会被打败。

第五课　北京大学综合实力

中国科学院院士和中国工程院院士是中国设立的给予科学技术领域和工程技术及管理领域有杰出贡献的个人的最高学术称号，为终身荣誉。

一、院士

截至2011年底，北大共有中国科学院院士62位，分布在数理学部、化学部、生物学部、地学部、技术科学部等，数量居全国高校首位；有中国工程院院士8位，分布在信息与电子工程学部、农业轻纺与环境工程学部、医药卫生工程学部等。

第三世界科学院院士是从第三世界国家的科学院、大学和研究机构以及发达国家的科学组织中选举产生，院士们均在各自的科学领域对第三世界国家科学发展作出了杰出的贡献。北大现有16位第三世界科学院院士，数量居全国高校之首。

二、哲学社会科学资深教授

哲学社会科学资深教授岗位是教育部高校哲学社会科学繁荣计划中

的一项重点内容，高校设置文科资深教授并给予与两院院士相应的待遇。二十多位学术界德高望重的著名学者现为北京大学哲学社会科学资深教授，分布于14个院系。

三、973首席科学家

国家重点基础研究发展计划（即"973"计划）是新中国成立以来我国支持强度最高的基础研究专项；"973"计划项目实行首席科学家领导下的项目专家组负责制，首席科学家对项目的执行全面负责。

项目依托单位负责项目的日常管理，提供项目执行的相关条件保障。截至2011年底，北大有24位"973"项目首席科学家。

四、长江学者

"长江学者奖励计划"旨在延揽大批海内外中青年学界精英，提高我国高校在世界范围内的学术地位和竞争实力，是教育部最高层次的人才项目。

截至2011年初，北京大学现有"长江学者"148位。值得指出的是，全国前两批人文社会科学"长江学者"中，北大共有13人(特聘教授6人、讲座教授7人)，几乎是第二名的两倍；三位诺贝尔经济学奖得主詹姆斯·赫克曼、加里·贝克尔、约瑟夫·斯蒂格利茨教授受聘北大中国经济研究中心讲座教授。

五、国家创新研究群体科学基金

国家"创新研究群体科学基金"是国家自然科学基金委员会为了完善人才资助体系而新设立的资助计划，选拔以优秀青年学者为学术带头人、具有创新能力和团队协作精神、人员结构合理的研究机体给予资助。北大现有国家创新研究群体10个，居中国高校首位。

教育部创新团队发展计划和"长江学者奖励计划"同为教育部"高层次创造性人才计划"中最高层次的人才项目；教育部前两次批准的119个创新团队中，北大以8个团队位居第一。

六、国家杰出青年科学基金

国家"杰出青年科学基金"是国家自然科学基金委员会设立的，旨在资助优秀青年学者在国内进行自然科学的基础研究和应用基础研究。北大迄今共有158人获得该项基金，数量为全国高校之首。

七、教育部跨世纪优秀人才计划

教育部"跨世纪优秀人才计划"是以培养年轻一代学术带头人为主要任务的基金计划，于1993—2003年实施，北大教师中入选该计划的自然科学部分48人，人文社科部分26人，两项均居全国高校首位。

"新世纪优秀人才支持计划"着眼于培养、支持一大批学术基础扎实、具有突出的创新能力和发展潜力的优秀青年学术带头人，2004年和2005年两次评选，北大共73人入选该计划，居全国高校第一。

八、教育部科学技术委员会和社会科学委员会委员

教育部科学技术委员会是国家教育部指导高等学校科学技术工作的高级咨询机构，北京大学4位教授担任科技委委员，委员人数与清华大学、浙江大学并列第一，其中韩启德院士、林建华教授担任副主任；科技委下设10个学部，其中数理学部挂靠在北京大学，16位北大教授受聘学部委员，数量居全国高校第一。

教育部社会科学委员会成立于2004年，是指导全国高等学校哲学社会科学工作的高级咨询机构，北京大学吴树青教授担任主任，厉以宁教授担任顾问，共15位教授受聘委员(不含顾问)，总数居全国第一。

九、"何梁何利科技奖"得主

"何梁何利科技奖"由香港何梁何利基金设立，旨在奖励取得杰出成就的我国科技工作者，是我国最重要的民间科技奖励。北大教师队伍中已有6位科学家获此殊荣(其中徐光宪教授先后获得进步奖和成就奖)，在全国高校中遥遥领先；全国高校共37位教授获得"何梁何利科技成就奖"，北京大学侯仁之、徐光宪院士名列其中。

十、中国最具影响力的十大经济学家

《世界商业评论》杂志2004年评选的"中国最具影响力的十大经济学家"中，北大四位教授林毅夫、厉以宁、张维迎、邹恒甫入选，包揽了内地所有在大学任教的经济学家，同时当选的吴敬琏、樊纲等亦为北大兼职教授。

十一、全国十大杰出青年法学家

在中国法学会举办的历届"全国十大杰出青年法学家"评选中，北京大学陈兴良、张守文、陈瑞华几位教授当选，仅次于中国人民大学，排名第二(并列)。

十二、国家重点学科

北京大学现有国家重点学科81个。其中文科29个，理工科52个(含理科27个，工科8个)，医科17个(按二级学科计为19个)。

在全国共964个国家级重点学科中，北大显示了绝对优势，无论是总数(比第二名多32个)还是大理科(包含理工农医)的学科数，以及文科(包含人文社会科学)的数量均居全国第一位。

十三、一级学科评估

在教育部学位与研究生教育发展中心举办的一级学科评估(2002—2004)中,北京大学参评的33个一级学科全部名列前八,其中11项在全国各大高校和科研机构中排名第一,排名前五(29项)和排名全国高校第一(14项)的学科数居全国之首。

值得指出的是,理学领域在全国高校中以7项第一(数学、物理学、化学、大气科学、地理学、地球物理学、生物学)、两项第二(天文学、地质学)显示了北大自然科学基础研究的卓越实力;医学领域5个学科全部进入前三名;人文学科领域的中国语言文学、外国语言文学、哲学、历史学4个学科全部名列第一;工学和社会科学领域分别有3个和8个学科名列前五。

就单项指标而言,根据对同行专家反馈的调查信息而得出的学术声誉一项中,北京大学有20个学科的学术声誉居全国各科研机构之首,33个一级学科学术声誉全部排名前五;共有12所单位的16个一级学科在4个单项指标上全部排名第一,其中包括北京大学的数学、化学、历史学和外国语言文学4个一级学科,显示了在该学科全面领先的实力。

十四、国家最高科学技术奖

国家最高科学技术奖授予在当代科学技术前沿取得重大突破或者在科学技术发展中有卓越建树的;在科学技术创新、科学技术成果转化和高技术产业化中,创造巨大经济效益或者社会效益的科技工作者,每年授予人数不超过两名。

北京大学王选教授因其在汉字激光照排技术上的卓越成就获得2001年国家最高科学技术奖,为全国高校教师中首位获此殊荣的科学家。

国家自然科学奖、国家技术

发明奖、国家科学技术进步奖是我国最高层次的科技奖励。北京大学历年获国家自然科学奖数量(49项)以及以第一完成单位(指两个或两个以上的合作单位)获得国家自然科学一、二等奖总数(21项)为全国高校第一。

北京大学有多项优秀成果获国家技术发明奖和国家科技进步奖,其中包括科技进步特等奖两项,第一单位获得科技进步一等奖4项。

十五、高校十大科技进展

在教育部"中国高校十大科技进展"历年评选(1998~2005)中,北京大学(含医学部)独立完成项目12项,数量居全国高校之首,北大参与的另外两项成果也入选。

十六、国家社会科学基金项目优秀成果奖

1999年国家社会科学基金项目优秀成果奖(迄今唯一一次),北大共获18项奖励(其中包揽两项特别荣誉奖,以及一等奖2项、二等奖4项、三等奖10项),无论获奖等级还是获奖数量均居全国高校首位。

第三届中国高校人文社会科学优秀成果奖,北京大学共有30项获奖(其中一等奖4项、二等奖9项、三等奖17项),获奖数居全国高校第一。

十七、国家实验室

2003年科技部批准筹建首批5个国家实验室,北京大学化学与分子工程学院以其强大实力和独特的优势,和中国科学院化学研究所联合筹建北京分子科学国家实验室。

北京大学16个国家重点实验室,5个国家工程研究中心,18个教育部重点试验室,7个教育部网上合作研究中心 (其中4个以北大为依托单位),12个卫计委重点实验室,2个卫计委工程研究中心,以及15个国际合作建立的实验室,构成完整的科研机构体系。

在科技部委托国家基金委组织的化学类国家重点实验室评估中,北京大学稀土材料化学及应用国家重点实验室再次被评为优秀类实验室;

微米纳米加工技术国家重点实验室被评为优秀;在教育部科技司组织的数理、地学类教育部重点实验室评估中,数学与应用数学、重离子物理、地表过程分析与模拟教育部重点实验室均被评为优

秀(全国共5个),生物类教育部重点实验室评估中,分子心血管教育部重点实验室被评为优秀。

十八、国家人文社科重点研究基地

在教育部的评估中,北大原有的10个人文社科重点研究基地全部通过,其中中国古代史研究中心被评为优秀;新申报的3个基地也成功入选,从而使北大国家人文社科重点研究基地总数达到了13个,居全国第一(全国共127个)。

十九、进入全球前1%研究机构的科学领域

根据美国科学情报研究所(1SI)科学引文数据库(SCI),按全球10年内某个机构发表论文的被引文情况,北京大学(含原北京医科大学)共有9个研究领域跻身全球引用前1%排行榜,包括数学、物理学、化学、生物学与生物化学、地球科学、材料科学、工程、植物与动物科学、临床医学。

二十、全国优秀博士论文

由国务院学位办公室1999年至今举办的13次"全国优秀博士学位论

文评选"(每次不超过百篇)中,北京大学共有85篇获得全国优秀博士学位论文奖,67篇论文入选全国优秀博士学位论文提名论文名单。名列全国高校第一(并列)。在2011年的评选中,以9篇入选,居全国高校首位。

二十一、地球与空间科学学院

该学院2001年由地质学系、地球物理系的固体地球物理学专业和空间物理学专业、北大遥感所以及城市与环境学系的地理信息系统专业组成。地质学系创办于1909年,是中国最早的地质学教育机构。

创建于1983年的北大遥感所,是中国最早开展遥感基础理论和应用技术教学与科研的单位之一,在遥感技术、地理信息系统等领域的理论研究、技术开发和教学方面形成了学科优势。

该学院本科生招生按照地质学理科人才培养基地班和学院招生两种形式进行。前者从一年级开始按照理科基地班培养计划进行教学;后者在一年级按照统一要求进行学习,从二年级起按专业分流。

二十二、生命科学学院

该院的前身是创办于1925年的北京大学生物学系,是我国高等学校中最早建立的生物学系之一,也是目前国内综合实力最强的生命科学学院。新中国成立后集中北大、燕大、清华三所大学生物学人才的精英,成立了北京大学生物学系,1993年在原生物系的基础上成立生命科学学院。该院有生物化学、细胞生物学、植物学、动物学、生理学等5个国家重点学科;蛋白质工程及植物基因工程、生物膜及膜生物工程两个国家重点实验室,从事细胞分化与细胞工程、神经生理、生态学等多方面的研究。是"国家理科人才培养基地",同时也是"国家生命科学与技术人才培养基地"。该院从2003年起按生物科学专业招生,3年级开始按学生的志愿和成绩分为生物科学和生物技术两个专业。本科生学制为四年,专业基础课和专业课均由教授主持主讲。学生将学习广泛的公共基础课,以及包括分子生物学、生物化学、遗传学、生理学、生物学基础课等专业课,并进行全面的毕业论文训练。学院重视基础知识教育和实验技能的培养,品学兼优的大学低年级学生可提前进入科研实验室,在导师的指导下参与科研工作。

北京大学小百科

1.北京大学作为对中国近代史上影响深远的大学,其学术水平一直在国内傲视同侪,不少各界出色业者及知名学者出自北大或曾在北大任职,与清华大学、复旦大学、浙江大学、南京大学、中国科大等校一同被公认为中国大陆最出色的高等学府,尤其以"北大清华"并称。2.在国外所作的有关大学排名中,北京大学曾获评为澳、亚地区最佳大学,名列世界第十四,比国立澳大利亚大学及东京大学等更高。

第六课　北京大学名人榜——蔡元培

蔡元培语录　　教育是帮助被教育的人，给他们能发展自己的能力，完成他的人格，于人类文化上能尽一分子责任

　　大学作为社会的精神文化中心，它的使命就是传播人类先进的文明，传播人类的道义理想。自19世纪威廉·洪堡创立柏林大学，奠定学术自由、教学自由、学习自由的原则后，它已经成为全世界大学的基本价值和基本准则。1792年洪堡提出国家无权插手教育，新型的大学应该是塑造完善的个人，致力于真正的学术。教授和学生都应该成为真理的追求者。学术自由与教育独立是达到这一目标的必须途径。

　　蔡元培先生长期在德国学习、研究，深受洪堡的影响。他曾说过，德国近代的发展是基于成功的高等教育培养了一大批小学教师，造成了一代优秀的公民。作为教育家，他的兴趣偏于高等教育。1917年他在给汪精卫的信中说："吾人苟切实从教育着手，未尝不可使吾国转危为安，而在国外所经营的教育，又似不及在国内之切实。而德意志统一之盛业亦发端于此。"

　　民国元年，蔡元培出任首届教育总长，邀请另一个教育家范濂源为次长,范说"小学没有办好,怎么能有好中学? 中学没有办好,怎么能有好大学? 所以我们第一步,当先把小学整顿。"蔡元培说"没有好大学,中学师资哪里来? 没有好中学,小学师资哪里来? 所以我们第一步,当先把大学整顿。"后来他自述"把两个人的意见合起来,就是自小学以至大学,没有一方面不整顿。 不过他的兴趣偏于普通教育,就在普通教育上多参加一点意见。 我之兴趣,偏于高等教育,就在高等教育上多参加一点意见罢了。"

蔡元培做教育总长期间,他的教育理想并没有得以实践的机会,不久他就再度到欧洲学习、考察去了。 直到1917年他正式出任北京大学校长,才一举奠定学术自由、思想自由、教学自由的原则,开创了中国现代高等教育的新局面。

1916年,袁世凯脱下皇袍,在一片唾骂声中死去。 光复会老会员、国会议员陈黻宸、北大教授马叙伦等向教育部推荐蔡元培出任北大校长。 他还在犹豫,不少老同盟会员也有不同意见,有人坚决反对(如马君武),认为北大太腐败了。

孙中山认为,北方需要传播革命思想,像蔡元培这样的老同志,应当去帝王思想和官僚习气笼罩下的北京,主持带有全国性的教育,主张他去。

当年北洋军阀的手伸得还不是太长,他们还懂得有所敬畏,并不直接插足他们所不熟悉的教育文化领域,教育基本上还是教育家们的事。 他们不可能不知道蔡元培的信仰,但他们选择的只是一个有经验、有学问的蔡元培,让他来办大学,和他的政治态度没有太大的关系。

众所周知,蔡元培的办学方针是

"兼容并包""思想自由"八个字，一方面他聘请了陈独秀、胡适、李大钊、钱玄同、刘半农、周作人、沈伊默等一批新文化运动的健将，一方面北大教师中又包括了一些学术上有造诣但政治上保守（甚至主张君主制）的学者，如辜鸿铭、刘师培、黄侃等等。

他认为大学就是"囊括大典、网罗众家"，"此大学之所以为大也"。应该广揽人才，容纳各种学术、思想，让其自由发展。他聘用辜、刘等是因为他们的学问可为人师，是尊重讲学自由和一切学术讨论的自由。

筹安会发起人刘师培在北大讲《三礼》《尚书》、训诂，从没宣讲一句帝制；辜鸿铭拖着长辫教英诗，也从未利用讲台讲复辟帝制。他曾对攻击刘、辜的学生说"我希望你们学辜先生的英文和刘先生的国学，并不要你们也去拥护复辟或君主立宪。"在中国这个自古以来习惯专制、好同恶异的社会里，蔡先生这种容纳异己的民主作风，尊重学术思想自由的卓见开创了一代新风。他的北大是兼容并包的北大，各种思想、各种声音都可以并存，是一个多元、开放、宽容、民主的大学，超越了单纯的党派观念，不仅造就了傅斯年、罗家伦，也培养了高君宇等人。正是在这一意义上，蔡元培先生重塑了北大，也重塑了20世纪中国知识分子的精神世界。

在他眼里，"大学是包容各种学问的机关"。所以他用人不分信仰、党派、学术见解，他主持下的北大因此能超越当时的军阀政权和各种社会势力之外。他有大胸襟、大气魄，是大手笔，前无古人，后尚无来者。如果把北大看作中国民主的摇篮，蔡先生则是中国民主的奠基者，他一生最为伟大的功绩正是给北大这一民主摇篮奠定了坚实的基础。

他鼓励学术研究，提倡社团活动，其中新潮社、国民社等在五四运动中起过重要作用的学生社团都产生于1918年下半年，得到了他这位校长的支持。为培养学术自由精神和自治能力，他批准每月由北大的经费中拨出二千元来给傅斯年、罗家伦他们的新潮社办《新潮》杂志，并由学校负责印刷发行。在大学领导体制上他第一次实行民主办校、教授治校。设立评议会作为全校最高立法机构。评议员包括各科学长、主任教员、各科本预科教授各二人，由教授互选，任期一年，期满得再被选。组织各学科（系）教授会，规划各学科的教学工作。各教授会设主任一人，由教授互选，任期二年，并由各科教授主任组成全校统一的教务处，负责主持全校的教学工作。教务长由各教授会主任推选，任期一年。

蔡元培领导的北大不仅为现代中国大学教育树立了一个崭新的楷模，也促进了思想界、知识界的转变。在他的大力支持下，在陈独秀、胡适等的热情倡导下，青年学生掀起了追求民主、科学的浪潮，终于使北大成为五四新文化运动的中心。蔡元培对北大的改造和陈独秀办《新青年》对五四运动具有同样重大的意义。傅斯年1943年说过一番话："犹忆'五四'以后有人说，北洋政府请蔡先生到他的首都去办学，无异猪八戒肚子中吞了一个孙悟空。'五四'之后，南至广州，北至北平，显然露出一种新动向，激动了青年的内心，没落了北洋的气焰，动荡了社会上死的寂静"。由蔡元培创造的思想自由、民主精神已经成为北大绵延不绝的传统。

北京大学小百科

　　"思想自由、兼容并包"的传统在北大薪火相传，构成一种恒远而不具形的存在。"科学与民主"早已成为这圣地不朽的灵魂。在北大学会的不仅仅是单纯的知识，感受更多的却是北大对一个人人格的熏陶，从这里走出的代代骄子无不都具备"北大"特有的精神气质。

第二章　北大精神

　　北大精神可以概括为"独立之精神，自由之思想"。独立之精神，包括独立人格、独立思考、独立判断等等，而最难能可贵的，则是独立人格，因为它是独立精神的基础。自由之思想指的是思想自由。

第一课　何谓北大精神

> 我们研究北大的传统和精神，就是要研究那些只有北大独有或多有而其他大学没有或少有的东西，那些最能体现价值的东西。

究竟什么是北大真精神？我们以为，那就是陈寅恪先生概括的两句话："独立之精神，自由之思想"。

独立之精神，包括独立人格、独立思考、独立判断等等，而最难能可贵的，则是独立人格，因为它是独立精神的基础。

什么是独立人格？先贤曰："君子群而不党"；"富贵不能淫，贫贱不能移，威武不能屈"；"三军可夺帅也，匹夫不可夺志也"；"士可杀，不可辱"。这就是独立人格。

先贤们的这种独立人格，被北大人继承下来并发扬光大，形成了自己的校格。我们只要举一些北大人的事例，便可看出独立人格在北大世代相传的轨迹。

"百日维新"期间，光绪皇帝颁布诏书，开办京师大学堂，设立管学大臣总管其事。第一任管学大臣(即京师大学堂校长)孙家鼐算是平安无事，第二任管学大臣许景澄是个开明派，曾出任清政府驻俄、德两国公使，

1900年回国接任管学大臣兼铁路大臣。

就在这时,发生了"庚子事变"。打着"扶清灭洋"旗号的义和团,在慈禧太后和刚毅等后党大臣的支持下,肆意烧杀抢掠。代表着"新政"和"洋务"的京师大学堂,自然是被冲击对象。

义和团在刚毅"学堂皆养汉奸之所"的煽动下,发出揭帖(传单):"二十九日,将拆毁同文馆、大学堂等,所有师徒,均不饶放。"许景澄与太常寺卿袁昶对西太后导演的这场闹剧非常反感,两人在御前会议上慷慨陈词,要求取缔义和团无法无天的活动,保护使馆、学校和铁路。然而冥顽不化的西太后竟然下令将许、袁二人诛杀。

许景澄在就义之前,从容交代了他经手的京师大学堂款项及有关文件,说是"不可便宜了外人"。因此,在北大校史上,留下了这样一笔:"景澄以极谏清廷勿信拳众遭冤杀。"可以说,许景澄是坚持独立人格而殉难的第一个北大人。

1912年民国成立以后,京师大学堂改名为北京大学,由严复出任第一任校长。此时的北大,校事一团乱麻。

当时的教育部以经费短缺、管理不善为理由,拟关闭北大。严复连续向教育部上了《论北京大学不可停办说帖》和《分科大学改良办法说帖》,陈述北京大学不可停办的理由:"今世界文明诸国,著名大学多者数十,少者十数。吾国乃并一已成立之大学,尚且不克保存,岂不稍过?"在严复的坚持和社会舆论的压力下,北大争得了生存的权利。这是严复对北大的贡献,也是独立精神的胜利。

袁世凯死后,蔡元培回国,接任北大校长。他从到校就职第一天起,就致力于北大的整顿和改革,把这个"官僚养成所"改造成为名副其实的全国最高学府和新型大学,开辟了北大的新纪元,可谓居功至伟。

蔡元培掌校期间,不仅自己总是奉"东汉之党人,南宋之道学,明季之东林"为圭臬,而且一直勉励师生以继承知识分子独立思考的传统为己任,在社会堕落、政治腐败的浊世中伸张正义,面对挑战永不退缩。

蔡元培言传身教的独立人格精神，影响着一代又一代的北大人。新中国成立后，这种精神也被北大人继承下来。为了捍卫真理和学术尊严而"单枪匹马，出来应战，直到战死为止"的马寅初和拒绝批孔的梁漱溟，就是他们之中杰出的代表。

1927年12月，马寅初在杭州北大同学会上做过题为《北大之精神》的演讲，其中有这样一段话：回忆母校自蔡先生执掌教务以来，力图改革，"五四"运动打倒卖国贼，作人民思想之先导。此种斧钺加身毫无顾忌之精神，国家可灭亡，而此种精神当永久不死。然既有精神，必有主义，所谓北大主义者，即牺牲主义也。服务于国家社会，不顾一己之私利，勇敢直前，以达其至高之鹄的。

坚持独立人格，从20世纪初到20世纪末，像一条红线贯穿于北京大学的历史进程之中，这才是最具特色的、其他高校没有或少有的"北大真精神"。

自由之思想,包括思想自由、学术自由和言论自由,其中最难能可贵的是思想自由。自由的传统,也是从蔡元培掌校后逐渐形成的。

蔡元培在《我在教育界之经验》一文中阐明了他的办学思想:"我对于各家学说,依各国大学通例,循思想自由之原则,兼容并包。无论何种学派,苟其言之成理,持之有故,尚不达自然淘汰之命运,即使彼此相反,亦听他们自由发展。"

1918年11月,他又在《北京大学月刊发刊词》中,对"思想自由,兼容并包"的办学方针作了进一步的阐述:"大学者,囊括大典,网罗众家之学府也。《礼记·中庸》曰:'万物并育而不相害,道并行而不相悖。'足以形容。各国大学,哲学之唯心论与唯物论,文学美术之理想派与写实派,计学(即经济学)之干涉与放任论,伦理学之动机论与功利论,宇宙论之乐天观与厌世观,常樊然并峙于其中,此思想自由之通则,而大学之所以为大也。吾国承数千年学术专制之积习,常好以见闻所及,持一孔之论。吾校兼容并收之主义,而不致以一道同风之旧见相绳矣。"

为了贯彻"思想自由,兼容并包"的办学方针,蔡元培在北大推行了一系列整顿和改革:

一、广揽人才,充实教师阵容。文科方面,他上任不到十天,就聘请新文化运动的主将陈独秀到校担任文科学长 (即文学院长),接着又聘请胡适、李大钊、钱玄同、刘半农、沈尹默、沈兼士等新派人物担任教授;理科方面,聘请了李四光、王星拱、任鸿隽、朱家骅等有真才实学的名家;法科方面,则聘请了马寅初、陶孟和、高一涵、周鲠生等知名学者。而对于那些不称职者,哪怕他是皇亲国戚或外国人也通通解聘。一时间,北大人才济济,群英荟萃。

二、容纳异己,尊重学术自由。蔡元培掌校前的北大文科教席,基本上被桐城派和章门弟子占领。蔡先生是一位众所周知的新派人物,然而对于原任教员,只要他有真才实学,哪怕是被人斥为"桐城谬种"或"选学妖孽"的人,如辜鸿铭、刘师培、陈汉章、黄侃等也照样留用。于是在北大课堂上,便出现了穿西服者与留长辫者同台授课的生动场面。

三、鼓励办刊,提倡社团活动。在蔡元培的鼓励和支持下,北京大学出版的刊物和成立的社团如雨后春笋般涌现出来。至1919年初,北大出版的刊物有《北京大学日刊》《北京大学月刊》《新青年》《每周评论》《国民》《新潮》《新闻周刊》等十余种;成立的社团有新闻研究会、哲学研究会、画法研究会、书法研究社、化学研究会、数理学会、音乐会、体育会、技击会、进德会、雄辩会、平民教育讲演团、阅书报社、学余俱乐部、静坐社、消费公社等等。这些刊物和社团,为活跃师生思想、参与社会活动提供了园地和场所。

四、大刀阔斧,进行体制改革。诸如扩大文、理科规模,设立各科研究所,改年级制为学分制等等。而最重要的是实行民主办学、教授治校。学校设立评议会作为最高领导机关,评议会由校长、各科学长和教授代表组成,教授代表由教授们自行互选,任期一年;各科成立教授会,主任由教授们互选,任期二年;由各科教授会主任组成学校教务处,领导全校的教学工作,教务长由教授会主任互选,任期一年。马寅初被推举为第一任教务长。

以上四个方面的整顿和改革，可以说是我国高等教育领域内的一场破旧立新的革命，使学校面貌焕然一新，迅速呈现出百家争鸣、生动活泼的局面。继蔡元培之后担任北大校长的蒋梦麟先生，曾这样描述当时北大的情形："保守派、维新派和激进派，都同样有机会争一日之短长。背后拖着长辫、心里眷恋帝制的老先生与思想激进的新人物对坐讨论，同席笑语。教室里，座谈会上，社交场合，到处讨论着知识、文化、家庭、社会关系和政治制度等等问题。"

"思想自由，兼容并包"八个大字，在北大人的心中深深地扎了根，它像是一把火炬，照亮了一代又一代北大人的心。

1919年，李大钊在《危险思想与言论自由》一文中写道："思想自由与言论自由，都是为保障人达于光明与真实的境界而设的。无论什么思想言论，只要能够容他的真实没有矫揉造作的尽量发露出来，都是于人生有益，绝无一点害处。"又说："思想是绝对的自由，是不能禁止的自由，禁止思想自由的，断断没有一点的效果。我奉劝禁遏言论、思想自由的人注意，要利用言论自由来破坏危险思想，不要借口危险思想来禁止言

论自由。"这位北大教授、中国共产党的创始人的话,说得多么铿锵有力啊!

1923年,时任北大代理校长的蒋梦麟在《北大之精神》一文中,重申了蔡元培提出的"思想自由,兼容并包"的办学方针:"第一,本校具有大度包容的精神。自蔡先生掌校以来,七八年间这个'容'字,已在本校的肥土之中根深蒂固了。故本校内各派别均能互相容受。平时于讲堂之内,会议席之上,做激烈的辩驳和争论,一到患难的时候,便共力合作。第二,本校具有思想自由之精神。各种思想能够自由发展,不受一种统一思想所压迫。故各种思想虽平时互相歧异,到了有某种思想受外界压迫时,就共同来御外侮。引外力以排除异己,是本校所不为的。"

蒋梦麟的这番话,可谓得蔡元培之真传,不愧是蔡先生的得意门生。1935年,时任西南联大文学院长的胡适在《个人自由与社会进步》一文中说,真的个人主义就是个性主义,它的特性有两种:

一是独立思想,不肯把别人的耳朵当耳朵,不肯把别人的眼睛当眼睛,不肯把别人的脑力当脑力;

　　二是个人对于自己思想信仰的结果负完全责任。不怕权威,不怕监禁杀身,只认真理,不认个人的利害。这就是我们当时提倡的"健全的个人主义"。

　　他还指出,马克思、恩格斯"都是这个时代(指维多利亚时代)自由思想独立精神的产儿"。

　　所以说,"自由之思想,独立之精神",才是北大真精神。

北京大学小百科

　　北京大学拥有众多学生社团。相当部分的北大学生对社团活动具有极高的热情。每年新生入学时,许多社团都在三角地招新,号称"百团大战"。北京大学的社团分布较为广泛,涵盖了各个领域。历史较长的社团一般都具有学术研究的性质,而新近成立的社团则往往比较靠近商业金融等领域,更偏于实用,凸显了自1978年以来北京大学整体环境的变化。

第二课　北大精神的源头

> 北京大学的名称，是从民国元年起的；民元以前，名为京师大学堂，包括师范馆、仕学馆等，而译学馆亦为其一部。

北大校长蔡元培回忆录

我在民元前六年，曾任译学馆教员，讲授国文及西洋史，是为我在北大服务之第一次。

民国元年，我掌教育部，对于大学有特别注意的几点：一、大学设法、商等科的，必设文科；设医、农、工等科的，必设理科。二、大学应设大学院(即今研究院)，为教授、留校的毕业生与高级学生研究的机关。三、暂定国立大学五所，于北京大学外，再筹办大学各一所于南京、汉口、四川、广州等处(尔时想不到后来各省均有办大学的能力)。四、因各省的高等学堂，本仿日本制，为大学预备科，但程度不齐，于入大学时发生困难。乃废止高等学堂，于大学中设预科。(此点后来为胡适之先生等所非难，因各省既不设高等学堂，就没有一个荟萃较高学者的机关，文化不免落后；但自各省竞设大学后，就不必顾虑了。)

【北大名人】

李大钊,字守常,河北乐亭人。1918年任北京大学图书馆主任,发表《布尔什维克主义的胜利》等文章,号召全国人民走十月革命的道路。积极参加五四运动,对运动起了重要的推动作用。

是年,政府任严幼陵君为北京大学校长。两年后,严君辞职,改任马相伯君。不久,马君又辞,改任何锡侯君,不久又辞,乃以工科学长胡次珊君代理。民国五年冬,我在法国,接教育部电,促回国任北大校长。我回来,初到上海,友人中劝不必就职的颇多,说北大太腐败,进去了,若不能整顿,反于自己的声名有碍。这当然是出于爱我的意思。但也有少数的人说,既然知道他腐败,更应进去整顿,就是失败,也算尽了心。这也是爱人以德的说法。我到底服从后说,进了北京。

我到京后,先访医专校长汤尔和君,问北大情形。他说:"文科预科的情形,可问沈尹默君;理工科的情形,可问夏浮筠君。"汤君又说:"文科学长如未定,可请陈仲甫君。陈君现改名独秀,主编《新青年》杂志,确可为青年的指导者。",因取《新青年》十余本示我。

我对于陈君,本来有一种不忘的印象,就是我与刘申叔君同在《警钟日报》服务时,刘君语我:"有一种在芜湖发行之白话报,发起的若干人,都因困苦及危险而散去了,陈仲甫一个人又支持了好几个月。"现在听汤君的话,又翻阅了《新青年》,决意聘他。从汤君处探知陈君寓在前门外一旅馆,我即往访,与之订定。于是陈君来北大任文科学长,而夏君原任理科学长,沈君亦原任教授,一仍旧贯。乃相与商定整顿北大的办法,次第执行。

我们第一要改革的,是学生的观念。我在译学馆的时候,就知道北京学生的习惯。他们平日对于学问上并没有什么兴会,只要年限满后,可以得到一张毕业文凭。教员是自己不用功的,把第一次的讲义,照样印出来,按期分散给学生,在讲坛上读一遍。学生觉得没有趣味,或瞌睡,或看看杂书;下课时,把讲义带回去,堆在书架上。

等到学期、学年或毕业的考试,教员认真的,学生就拼命地连夜阅读讲义,只要把考试对付过去,就永远不再去翻一翻了。要是教员通融一点,学生就先期要求教员告知他要出的题目，至少要求表示一个出题目的范围；教员为避免学生的怀恨与顾全自身的体面起见，往往把题目或范围告知他们了。

于是他们不用功的习惯，得了一种保障了。尤其北京大学的学生，是从京师大学堂"老爷"式学生嬗继下来（初办时所收学生，都是京官，所以学生都被称为"老爷"，而监督及教员都被称为"中堂"或"大人"）。他们的目的，不但在毕业，而尤注重在毕业以后的出路。所以专门研究学术的教员，他们不见得欢迎；要是点名时认真一点，考试时严格一点，他们就借个话头反对他，虽罢课也在所不惜。

若是一位在政府有地位的人来兼课，虽时时请假，他们还是欢迎得很；因为毕业后可以有阔老师做靠山。这种科举时代遗留下来的劣根性，是于求学上很有妨碍的。所以我到校后第一次演说，就说明"大学学生，当以研究学术为天职，不当以大学为升官发财之阶梯"。然而要打破这些习惯，只有从聘请积学而热心的教员着手。

那时候因《新青年》上文学革命的鼓吹，而我得认识留美的胡适之君。他回国后，即请到北大任教授。胡君真是"旧学邃密"而且"新知深沉"的一个人，所以。一方面与沈尹默兼士兄弟、钱玄同、马幼渔、刘半农诸君以新方法整理国故，一方面整理英文系。因胡君之介绍而请到的好教员，颇不少。

我素信学术上的派别，是相对的，不是绝对。所以每一种学科的教员，即使主张不同，若都是"言之成理、持之有故"的，就让他们并存，令学生有自由选择的余地。最明白的，是胡适之君与钱玄同君等绝对的提倡白话文学，而刘中叔、黄季刚诸君仍极端维护文言的文学；那时候就让他们并存。我信为应用起见，白话文必要盛行，我也常常作白话文，也替白话文鼓吹。然而我也声明：作美术文，用白话也好，用文言也好。例如我们写字，为应用起见，自然要写行楷，若如江艮庭君的用篆隶写药方，当然不可；若是为人写斗方或屏联，作装饰品，即写篆隶章草，有何不可？

那时候各科都有几个外国教员，都是托中国驻外使馆或外国驻华使

馆介绍的,学问未必都好,而来校既久,看了中国教员的阑珊,也跟了阑珊
起来。我们斟酌了一番,辞退几人,都按着合同上的条件办的。有一法国教
员要控告我,有一英国教习竟要求英国驻华公使朱尔典来同我谈判,我不
答应。朱尔典出去后,说:"蔡元培是不要再做校长的了。"我也一笑置之。

我从前在教育部时,为了各省高等学堂程度不齐,故改为各大学直接
的预科。不意北大的预科,因历年校长的放任与预科学长的误会,竟演成
独立的状态。那时候预科中受了教会学校的影响,完全偏重英语及体育两
方面;其他学科比较的落后,毕业后若直升本科,发生困难。预科中竟自设
了一个预科大学的名义,信笺上亦写此等字样。于是不能不加以改革,使
预科直接受本科学长的管理,不再设预科学长。预科中主要的教课,均由
本科教员兼任。

我没有本校与他校的界线,常常为通盘打算,求其合理化。是时北大
设文、理、工、法、商五科,而北洋大学亦有工、法两科;北京又有一工业专
门学校,都是国立的。我以为无此重复的必要,主张以北大的工科并入北
洋,而北洋之法科,刻期停办。得北洋大学校长同意,及教育部核准,把土

木工与矿冶工并到北洋去了。把工科省下来的经费,用在理科上。我本来想把法科与法专并成一科,专授法律,但是没有成功。我觉得那时候的商科,毫无设备,仅有一种普通商业学教课,于是并入法科,使已有的学生毕业后停止。

我那时候有一个理想,以为文、理两科,是农、工、医、药、法、商等应用科学的基础,而这些应用科学的研究时期,仍然要归到文理两科来。所以文理两科,必须设各种的研究所;而此两科的教员与毕业生必有若干人是终身在研究所工作,兼任教员,而不愿往别种机关去的。所以完全的大学,当然各科并设,有互相关联的便利。

若无此能力,则不妨有一大学专办文理两科,名为本科,而其他应用各科,可办专科的高等学校,如德、法等国的成例,以表示学与术的区别。因为北大的校舍与经费,绝没有兼办各种应用科学的可能,所以想把法律分出去,而编为本科大学,然没有达到目的。

那时候我又有一个理想,以为文理是不能分科的。例如文科的哲学,必植根于自然科学;而理科学者最后的假定,亦往往牵涉哲学。从前心理学附入哲学,而现在用的实验法,应列入理科;教育学与美学,也渐用实验法,有同一趋势。地理学的人文方面,应属文科,而地质地文等方面属理科。历史学自有史以来,属文科,而推原于地质学的冰期与宇宙生成论,则属于理科。所以把北大的三科界限撤去而列为十四系,废学长,设系主任。

我素来不赞成董仲舒罢黜百家独尊孔氏的主张。清

代教育宗旨有"尊孔"一款,已于民元在教育部宣布教育方针时说它不合用了。到北大后,凡是主张文学革命的人,没有不同时主张思想自由的,因而为外间守旧者所反对。适有赵体孟君以编印明遗老刘应秋先生遗集,贻我一函,属约梁任公、章太炎、林琴南诸君品题。我为分别发函后,林君复函,列举彼对于北大怀疑诸点;我复一函,与他辩。这两函颇可窥见那时候两种不同的见解。

这两函虽仅为文化一方面之攻击与辩护,然北大已成为众矢之的,是无可疑了。越四十余日,而有五四运动。我对于学生运动,素有一种成见,以为学生在学校里面,应以求学为最大目的,不应有何等政治的组织。其有年在20岁以上,对于政治有特殊兴趣者,可以个人资格参加政治团体,不必牵涉学校。所以民国七年夏间,北京各校学生,曾为外交问题,结队游行,向总统府请愿。

当北大学生出发时,我曾力阻他们。他们一定要参与,我因此引咎辞职,经慰留而罢。到八年五月四日,学生又有不签字于巴黎和约与罢免亲日派曹、陆、章的主张,仍以结队游行为表示,我也就不去阻止他们了。他们因愤激的缘故,遂有焚曹汝霖住宅及攒殴章宗祥的事。学生被警厅逮捕者数十人,各校皆有,而北大学生居多数。我与各专门学校的校长向警厅力保,始释放。但被拘的虽已保释,而学生尚抱再接再厉的决心,政府亦且持不做不休的态度。都中宣传政府将明令免我职而以马其昶君任北大校长,我恐若因此增加学生对于政府的纠纷,我个人且将有运动学生保持地位的嫌疑,不可以不速去。乃一面呈政府引咎辞职,一面秘密出京,时为五月九日。

那时候学生仍每日分队出去演讲,政府逐队逮捕,因人数太多,就把学生都监禁在北大第三院。北京学生受了这样大的压迫,于是引起全国学生的罢课,而且引起各大都会工商界的同情与公愤,将以罢工罢市为同样之要求。政府知势不可侮,乃释放被逮诸生,决定不签和约,罢免曹、陆、章,于是五四运动之目的完全达到了。

五四运动之目的既达,北京各校的秩序均恢复。独北大因校长辞职问题，又起了多少纠纷。政府曾一度任命胡次珊君继任，而为学生所反对，不能到校；各方面都要我复职。我离校时本预定决不回去，不但为校务的困难，实因校务以外，常常有许多不相干的缠绕，度一种劳而无功

的生活，所以启事上有"杀君马者道旁儿；民亦劳止，汔可小休；我欲小休矣"等语。但是隔了几个月，校中的纠纷，仍在非我回校不能解决的状态中。我不得已，乃允回校。回校以前，先发表一文，告北京大学学生及全国学生联合会，告以学生救国，重在专研学术，不可常为救国运动而牺牲。

到校后，在全体学生欢迎会演说，说明德国大学学长、校长均每年一换，由教授会公举；校长且由神学、医学、法学、哲学四科之教授轮值，从未生过纠纷，完全是教授治校的成绩。北大此后亦当组成健全的教授会，使学校决不因校长一人的去留而起恐慌。

那时候蒋梦麟君已允来北大共事，请他通盘计划，设立教务、总务两处，及聘任财务等委员会，均以教授为委员。请蒋君任总务长，而顾孟余君任教务长。

北大关于文学、哲学等学系，本来有若干基本教员；自从胡适之君到校后，声应气求，又引进了多数的同志，所以兴会较高一点。预定的自然科学、社会科学、文学、国学四种研究所，只有国学研究所先办起来了。在自然科学与社会科学方面，比较的困难一点。

自民国九年起，自然科学诸系，请到了丁巽甫、颜任光、李润章诸君主持物理系；李仲揆君主持地质系；在化学系本有王抚五、陈聘丞、丁庶为诸君，而这时候又增聘程寰西、石蘅青诸君；在生物学系本已有钟宪鬯君在

东南、西南各省搜罗动植物标本,有李石曾君讲授学理,而这时候又增聘谭仲逵君。于是整理各系的实验室与图书室,使学生在教员指导之下,切实用功;改造第二院礼堂与庭园,使合于讲演之用。

在社会科学方面,请到王雪艇、周鲠生、皮皓白诸君;一面诚意指导提起学生好学的精神,一面广购图书杂志,给学生以自由考索的工具。丁巽甫君以物理学教授兼预科主任,提高预科程度。于是北大始达到各系平均发展的境界。

我是素来主张男女平等的。九年,有女学生要求进校,以考期已过,姑录为旁听生。及暑假招考,就正式招收女生。有人问我:"兼收女生是新法,为什么不先请教育部核准?"我说:"教育部的大学令,并没有专收男生的规定;从前女生不来要求,所以没有女生;现在女生来要求,而程度又够得上,大学就没有拒绝的理。"这是男女同校的开始,后来各大学都兼收女生了。

我是佩服章实斋先生的。那时候国史馆附设在北大,我定了一个计划,分征集、纂辑两股;纂辑股又分通史、民国史两类;均从长编入手,并编历史辞典。聘屠敬山、张蔚西、薛阆仙、童亦韩、徐贻孙诸君分任征集编纂等务。

后来政府忽又有国史馆独立一案,别行组织。于是张君所编的民国史,薛、童、徐诸君所编的辞典,均因篇帙无多,视同废纸;只有屠君在馆中仍编他的蒙兀儿史,躬自保存,没有散失。

我本来很注意于美育的。北大有美学及美术史教课,除中国美术史由叶浩吾君讲授外,没有人肯讲美学。十年,我讲了十余次,因足疾进医院停止。至于美育的设备,曾设书法研究会,请沈尹默、马叔平诸君主持。设画法研究会,请贺履之、汤定之诸君教授国画;比国楷次君教授油画。设音乐研究会,请萧友梅君主持。均听学生自由选习。

我在"爱国学社"时,曾断发而习兵操。对于北大学生之愿受军事训练的,常特别助成。曾集这些学生,编成学生军,聘白雄远君任教练之责,亦请蒋百里、黄膺白诸君到场演讲。白君勤恳而有恒,历十年如一日,实为难

得的军人。

我在九年的冬季，曾往欧美考察高等教育状况，历一年回来。这期间的校长任务，是由总务长蒋君代理的。回国以后，看北京政府的情形，日坏一日；我处在与政府常有接触的地位，日想脱离。

十一年冬，财政总长罗钧任君忽以金佛朗问题被捕，释放后，又因教育总长彭允彝君提议，重复收禁。我对于彭君此举，在公议上，认为是蹂躏人权献媚军阀的勾当；在私情上，罗君是我在北大的同事，而且于考察教育时为最密切的同伴，他的操守，为我所深信。我不免大抱不平，与汤尔和、邵飘萍、蒋梦麟诸君会商，均认有表示的必要。我于是一面递辞呈，一面离京。

隔了几个月，贿选总统的布置，渐渐地实现；而要求我回校的代表，还是不绝。我遂于十二年七月间重往欧洲，表示决心；至十五年，始回国。那时候，京津间适有战争，不能回校一看。十六年，国民政府成立，我在大学院，试行大学区制，以北大划入北平大学区范围，于是我的北京大学校长的名义，始得取消。

综计我居北京大学校长的名义，十年有半；而实际在校办事，不过五年有半。一经回忆，不胜惭悚。

北大校长胡适给毕业班大学生的演讲

这一两个星期里，各地的大学都有毕业的班次，都有很多的毕业生离开学校去开始他们的成人事业。学生的生活是一种享有特殊优待的生活，不妨幼稚一点，不妨吵吵闹闹，社会都能纵容他们，不肯严格的要他们负行为的责任。现在他们要撑起自己的肩膀来挑他们自己的担子了。在这个困难最紧急的年头，他们的担子真不轻！我们祝他们的成功，同时也不忍不依据我们自己的经验，

【北大名人】

胡适，原名洪骍，后改名适，字适之，安徽绩溪人。现代学者，历史学家、文学家、哲学家。1917年任北京大学教授，加入《新青年》编辑部，撰文反对封建主义，宣传个性自由、民主和科学，积极提倡"文学改良"和白话文学，成为当时新文化运动的重要人物。

赠予他们几句送行的赠言，——虽未必是救命毫毛，也许做个防身的锦囊罢！两个典故都出自通俗小说《西游记》和《三国演义》。

你们毕业之后，可走的路不出这几条：极少数的人还可以在国内或国外的研究院继续做学术研究；少数的人可以寻着相当的职业；此外还有做官，办党，革命三条路；此外就是在家享福或者失业闲居了。第一条继续求学之路，我们可以不讨论。走其余几条路的人，都不能没有堕落的危险。人生的道路上满是陷阱，堕落的方式很多，总括起来，约有这两大类：第一是容易抛弃学生时代的求知识的欲望。你们到了实际社会里，往往所用非所学，往往所学全无用处，往往可以完全用不着学问，而一样可以胡乱混饭吃，混官做。在这种环境里，即使向来抱有求知识学问的决心的人，也不免心灰意懒，把求知的欲望渐渐冷淡下去。况且学问是要有相当的设备的；书籍，试验室，师友的切磋指导，闲暇的工夫，都不是一个平常要糊口养家的人所能容易办到的。没有做学问的环境，又谁能怪我们抛弃学问呢？

第二是容易抛弃学生时代的理想的人生的追求。少年人初次与冷酷的社会接触，容易感觉理想与事实相去太远，容易发生悲观和失望。多年怀抱的人生理想，改造的热诚，奋斗的勇气，到此时候，好像全不是那么一回事。渺小的个人在那强烈的社会炉火里，往往经不起长时期的烤炼就熔化了，一点高尚的理想不久就幻灭了。抱着改造社会的梦想而来，往往是弃甲曳兵而走，或者做了恶势力的俘虏。你在那俘虏牢狱里，回想那少年气壮时代的种种理想主义，好像都成了自误误人的迷梦！从此以后，你就甘心放弃理想人生的追求，甘心做现成社会的顺民了。

要防御这两方面的堕落，一面要保持我们求知识的欲望，一面要保持我们对于理想人生的追求。有什么好法子呢？依我个人的观察和经验，有三种防身的药方是值得一试的。

第一个方子只有一句话："总得时时寻一两个值得研究的问题！"问题是知识学问的老祖宗；古今来一切知识的产生与积聚，都是因为要解答问题，——要解答实用上的困难或理论上的疑难。所以梁漱溟先生自认是

"问题中人"而非"学术中人",所谓"为知识而求知识",其实也只是一种好奇心追求某种问题的解答,不过因为那种问题的性质不必是直接应用的,人们就觉得这是"无所谓"的求知识了。

我们出学校之后,离开了做学问的环境,如果没有一个两个值得解答的疑难问题在脑子里盘旋,就很难继续保持追求学问的热心。可惜当时青年人最大的问题是养家糊口,生存都是难题,遑论其他?

可是,如果你有了一个真有趣的问题天天逗你去想他,天天引诱你去解决他,天天对你挑衅笑你无可奈何他,这时候,你就会同恋爱一个女子发了疯一样,坐也坐不下,睡也睡不安,没工夫也得偷出工夫去陪她;没钱也得撙衣节食去巴结她。没有书,你自会变卖家私去买书;没有仪器,你自会典押衣服去置办仪器;没有师友,你自会不远千里去寻师访友。

你只要能时时有疑难问题来逼你用脑子,你自然会保持发展你对学问的兴趣,即使在最贫乏的智识环境中,你也会慢慢地聚起一个小图书馆来,或者设置起一所小试验室来。所以我说:第一要寻问题。脑子里没有问题之日,就是你的智识生活寿终正寝之时!古人说,"待文王而兴者,凡民

也。若夫豪杰之士，虽无文王犹兴。"试想伽利略(Galileo)和牛顿(Newton)有多少藏书？有多少仪器？他们不过是有问题而已。有了问题而后，他们自会造出仪器来解答他们的问题。没有问题的人们，关在图书馆里也不会用书，锁在试验室里也不会有什么发现。

第二个方子也只有一句话："总得多发展一点非职业的兴趣。"离开学校之后，大家总得寻个吃饭的职业。可是你寻得的职业未必就是你所学的，或者未必是你所心喜的，或者是你所学而实在和你的性情不相近的。在这种状况之下，工作就往往成了苦工，就不感觉兴趣了。为糊口而作那种"非性之所近而力之所能勉"的工作，就很难保持求知的兴趣和生活的思想主义。

最好的救济方法只有多多发展职业以外的正当兴趣与活动。一个人应该有他的职业，又应该有他的非职业的玩意儿，可以叫作业余活动。凡一个人用他的闲暇来做的事业，都是他的业余活动。往往他的业余活动比他的职业还更重要，因为一个人的前程往往全靠他怎样用他的闲暇时间。他用他的闲暇来打麻将，他就成个赌徒；你用你的闲暇来做社会服务，你也许成个社会改革者；或者你用你的闲暇去研究历史，你也许成个史学家。你的闲暇往往定你的终身。英国19世纪的两个哲人，弥儿(J. S. Miu)终身做东印度公司的秘书，然而他的业余工作使他在哲学上、经济学上、政治思想史上都占一个很高的位置；斯宾塞(spencer)是一个测量工程师，然而他的业余工作使他成为前世纪晚期世界思想界的一个重镇。

古来成大学问的人，几乎没有一个不是善用他的闲暇时间的。特别在这个组织不健全的中国社会，职业不容易适合我们性情，我们要想生活不苦痛或不堕落，只有多方发展业余的兴趣，使我们的精神有所寄托，使我们的剩余精力有所施展。有了这种心爱的玩意儿，你就做六个钟头的抹桌子工夫也不会感觉烦闷了，因为你知道，抹了六点钟的桌子之后，你可以回家去做你的化学研究，或画完你的大幅山水，或写你的小说戏曲，或继续你的历史考据，或做你的社会改革事业。你有了这种称心如意的活动，生活就不枯寂了，精神也就不会烦闷了。

　　第三个方子也只有一句话:"你总得有一点信心。"我们生在这个不幸的时代,眼中所见,耳中所闻,无非是叫我们悲观失望的。特别是在这个年头毕业的你们,眼见自己的国家民族沉沦到这步田地,眼看世界只是强权的世界,望极天边好像看不见一线的光明,在这个年头不发狂自杀,已算是万幸了,怎么还能够希望保持一点内心的镇定和理想的信任呢?我要对你们说:这时候正是我们要培养我们的信心的时候! 只要我们有信心,我们还有救。

　　古人说:"信心(Faith)可以移山。"又说:"只要功夫深,生铁磨成绣花针。"你不信吗?当拿破仑的军队征服普鲁士占据柏林的时候,有一位穷教授叫作菲希特(Fichte)(今通译费希特)的,天天在讲堂上劝他的国人要有信心,要信仰他们的民族是有世界的特殊使命的,是必定要复兴的。菲希特死的时候(1814),谁也不能预料德意志统一帝国何时可以实现。然而不满五十年,新的统一的德意志帝国居然实现了。

　　一个国家的强弱盛衰,都不是偶然的,都不能逃出因果的铁律的。我们今日所受的苦痛和耻辱,都只是过去种种恶因种下的恶果。我们要收将

来的善果,必须努力种现在的新因。

一粒一粒的种,必有满仓满屋的收,这是我们今日应该有的信心。一分耕耘,一分收获,这是初涉人世的青年都有的想法,但现实往往是劳而无获,因此理想也就丧失,心灵也就麻木了。

我们要深信:今日的失败,都由于过去的不努力。

我们要深信:今日的努力,必定有将来的大收成。

佛典里有一句话:"福不唐捐。"唐捐就是白白地丢了。我们也应该说:"功不唐捐!"没有一点努力是会白白地丢了的。在我们看不见想不到的时候,在我们看不见想不到的方向,你瞧! 你下的种子早已生根发叶开花结果了!

你不信吗? 法国被普鲁士打败之后,割了两省地,赔了50亿法郎的赔款。这时候有一位刻苦的科学家巴斯德(Pasteur)终日埋头在他的试验室里做他的化学试验和微菌学研究。他是一个最爱国的人,然而他深信只有科学可以救国。他用一生的精力证明了三个科学问题:

(一)、每一种发酵作用都是由于一种微菌的发展;

(二)、每一种传染病都是由于一种微菌在生物体中的发展;

(三)、传染病的微菌,在特殊的培养之下,可以减轻毒力,使它从病菌变成防病的药苗。

这三个问题,在表面上似乎都和救国大事业没有多大的关系。然而从第一个问题的证明,巴斯德定出做醋酿酒的新法,使全国的酒醋业每年减除极大的损失。

从第二个问题的证明,巴斯德教全国的蚕丝业怎样选种防病,教全国的畜牧农家怎样防止牛羊瘟疫,又教全世界的医学界怎样注重消毒以减除外科手术的死亡率。

从第三个问题的证明。巴斯德发明了牲畜的脾热瘟的治疗药苗,每年替法国农家减除了二千万法郎的大损失;又发明了疯狗咬毒的治疗法,救济了无数的生命。所以英国的科学家赫胥黎(Huxley)在皇家学会里称颂巴斯德的功绩道:"法国给了德国50亿佛郎的赔款,巴斯德先生一个人研究科学的成绩足够还清这一笔赔款了。"

巴斯德对于科学有绝大的信心，所以他在国家蒙奇辱大难的时候，终不肯抛弃他的显微镜与试验室。他绝不想他的显微镜底下能偿还五十万万佛郎的赔款，然而在他看不见想不到的时候，他已收获了科学救国的奇迹了。

朋友们，在你最悲观最失望的时候，那正是你必须鼓起坚强的信心的时候。你要深信：天下没有白费的努力。成功不必在我，而功力必不唐捐。能够永远有这样的信心，自然也是好的。

(选自《胡适文集》第四卷。北京大学出版社1998年版)

北京大学小百科

北京大学校园又称燕园，位于北京市西郊海淀区东北部，与圆明园、颐和园毗邻。由于这里自然地理条件优越，外有西山可借，内有泉水可引，早在金代就成了京郊著名的风景区，同时又是明清两代封建帝王的"赐园"。1952年全国院系进行调整，北京大学从沙滩迁到燕园，逐渐成为一所侧重于基础科学教学和研究的文理科综合大学。校园的用地中包括了八个古园遗址，即"勺园""淑春园""鸣鹤园""镜春园""朗润园""蔚秀园""承泽园"及"治贝子园"等。其中勺园为明朝末年著名书画家米万钟创建，至今已有380余年的历史。

第三课　熬住,北大不相信眼泪

> 最美味的汤,都是"熬"出来的。人生也是"熬"出来的!磨炼、忍耐、拼搏,倾其精髓就一个字——"熬"!所谓成功,其实就是俗话说的"熬出了头"。

青春因挫折而精彩

从生理学角度看,人流眼泪是心理宣泄和生理排毒的过程。

而男人从小就坚信"男儿有泪不轻弹"。

在当今竞争的年代,男人工作生活压力很大,各种郁闷、挫折的事很多,但碍于大男人的面子,长期得不到宣泄和交流,长此以往,容易憋出病来,从而影响健康和寿命。

【专家感言】

研究人员发现,女人比男人长寿,这其中有一个很重要的原因,那就是性格特点的不同,女人一般比男人开朗、感性,易于激动、好哭。

因此,心理专家给出的"药方"是,劝男人要经常与人交流和宣泄思绪,不要活得太累,绷得太紧。

心里实在委屈和精神

压力太大的时候,找个没人的地方痛痛快快大哭一场。这也是一种自我保健和心理调节的过程。

这个发现让我们印证了一个事实,那就是眼泪不光只能清洗眼睛,还能够清洗心灵。

这要看哭过之后心里是什么状态:

如果是灰心丧气,那眼泪恐怕也只能是清洗一下眼睛了;

如果是从头再来、重拾勇气,那眼泪不但清洗了眼睛,连心里的烦闷也一同洗去了,让心灵又一次感受到了阳光。

挫折来了,想躲躲不掉,这个时候怎么办?

大哭一场是个不错的选择,可以释放掉部分压力,让心变得轻盈一些。

但是,释放压力后不是压力就不存在了,也不是挫折就此别过了,而是依旧挡在面前等着你去解决掉。

压力、挫折还都在,甚至还可能变得更大,但是你的心态变了,所以面对起来也就变得容易一些了。

北大法律系二年级的小飞(化名)回想起自己的高三岁月,大摇其头,却也透着一股子得意。

小飞在高三的三次模拟考试中都发挥失常,在最后一次模拟考试中连分数线都没过。

在老师的震惊中,在家人的不解中,在自己的怀疑中,

小飞觉得天都要塌了。

谁都知道,第三次模拟考试距离高考也就一个多月的时间,要想在这一个多月的时间里弥补那么大的差距几乎是不可能的。

而且,以小飞平时的成绩来看,三次模拟考试都不理想可能是心理问题,这就更让人头疼了。

老师和家长频繁地联系,共同想办法解决问题。难受的小飞躲在屋子里不出来,胆战心惊、泪如泉涌、茶饭不思。

直到有一天,好朋友小兵将小飞从床上拉了起来,将他叫到了他们常去的小河边,一顿劈头盖脸的"训斥",才使小飞猛醒过来。

小兵几乎是声嘶力竭地冲着小飞大吼:"不就是模拟考试吗?你就怂成这样,那要是最后的高考,你还不得自杀去呀?"

后来他又进一步想到:"再说了,不就是模拟考试吗,毕竟不是真正的高考,现在发现问题反而是好事,虽然时间短,但还来得及。如果你就这样堕落下去,那高考真的就没戏了!"

其实,小飞也不甘心,凭自己平时的成绩是不可能这么惨的。

但是,眼看着高考马上就要到了,着急上火的他感觉快要窒息了。但小飞知道,好朋友提醒地对,如果就这么放弃了,那就真的成了终生遗憾,这一辈子都可能会为今天的决定赎罪。

与其一辈子背负这么大的心理压力,还不如重拾信心再来一次。

退一万步讲,即使最后真的落榜,至少自己没有放弃过,也会少些遗憾。

想通后,小飞开始拼命地复习,在老师和家长的鼓励下,小飞的信心又回来了。

一个多月的时间一晃而过,高考终于来了。

小飞心里非常紧张、激动,又有些期待,他想要为自己正名,不想让人看扁了。

成绩下来后,小飞考上了北大。

看看现在春风得意的自己,小飞都会为那时的自己脸红。他知道,如果再遇到类似的事情,他绝不会再像那时一样胆怯、羞涩、害怕,而是勇敢地站起来,再来一次,即使死也要死在冲锋的路上,而不是被吓死在战壕里。

不是失败,只是暂时没有成功

面对失败,有的人选择了否定自己,因为失败的结果就是最好的"证据";

有的人选择了不服气,因为失败了说明自己做得不够好,如果做得再好一些、更好一些,那就很可能成功。

于是,前者放弃再去尝试,从此待在自己的舒适区里,过着看似"心满意足"的日子;

后者可能会不断地经历失败,但是每一次失败后重新出发就是一个更高的起点,虽然看似失败,却不断地为成功积蓄着力量,做好了准备,成功不过是时间问题。很多成功者的经历都无可辩驳地证明了这一点。

史泰龙是世界上最成功的电影演员之一,他是人们心目中的超级偶像。他的成功也是无数次失败后的结果。只不过面对失败,他选择了坚持。

年轻时,史泰龙立志要当电影明星,但没有人看好他,更没有人相信他能在好莱坞那样群星荟萃的地方取得成功。只有他自己始终坚信:我一定会成功!

初入电影圈的史泰龙,只能接触一些跑龙套的小角色,当时生活的来源是一个又一个的零工:

在动物园清洗狮子笼,送比萨饼,帮助别人钓鱼,在书店帮人照看书摊以及在电影院当领位员。

与此同时,为争取更宽

【专家感言】

人们常说"困难是弹簧,你弱它就强",实际上,失败也是如此。比失败本身更可怕的,是人们面对失败的心态。

广的表演空间,他四处向人推销自己做主角的剧本,前前后后被人拒绝了一千八百多次。不过,他没有让自己在低潮中"待"得太久,而是选择继续奋斗。

最后,一位曾拒绝他二十多次的导演对他说:"我不知道你能不能演好,我可以给你一次机会,我要把你的剧本改编成电视剧,不过,先拍一集,就让你当男主角吧!但,先看看效果再说,如果不好,你从此就断了当演员的念头吧!"

他终于在出演自己编写的剧本《洛基》后一炮而红,并且在奥斯卡电影奖中获得殊荣,他本人获得了最佳男主角与最佳编剧的提名,从此奠定了他在好莱坞顶尖影星的地位,成为"自我超越、顽强拼搏、个人奋斗"的美国精神的象征。

史泰龙在叙述自己的奋斗历程时告诉大家,"这个世界没有失败,只是暂时还没有成功"的信念对他影响至深。

在史泰龙的眼中,是没有失败的。因为他知道,要想不再延续父母卑

微的命运,自己就必须成功,不管经历怎样的艰难,即使尝尽世间所有的苦难,他也不会放弃要成为电影明星的梦想。

他不相信失败,所以尽管失败了1800多次,他也没有气馁,没有放弃,因为他确信成功就在自己坚持的下一次。

他在心里还相信,只有把命运掌握在自己手中,才能实现自己期待的成功。

可以毫不夸张地说,每一个成功者都首先是一个失败者,因为只有经历失败才可能获得成功。

天下没有免费的午餐,也同样不会有送到手的成功,任何的成功都是挫折过后的掌声。

所以,面对失败时,不要急着下定论,不要忙着否定自己,而是多给自己一次机会,试着再来一次,要时刻铭记"不是失败,只是暂时没有成功"这一信条,将成功看成是必然,而不是偶然。

哲学家罗素说过:

"遇到不幸的威胁时,认真而仔细地考虑一下,最糟糕的情况可能是什么? 正视这种不幸,找到充分的理由使自己相信,这毕竟不是那么可怕的灾难。这种理由总是存在的。因为在最坏的情况下,在个人身上发生的一切绝不会重要到影响世界的程度。"

南京外国语学校的沙凡被保送进了北大,保送的原因除了她优异的成绩外,还有很重要的一个因素,那就是她的屡败屡战的精神。

从小学到高中,沙凡做了11年的班长。老师对她的评价是"一只永远充满电的金霸王小兔子"。

在同学眼里,她既是认真负责的"老班长",更是"知心友",同学之间闹矛盾了会找她,和父母吵架了也找她。

不过,在南外,沙凡还有一个更响亮的名字——励志帝,因为她总是在起起落落中不断前进。

六年级时的数学冬令营,沙凡因1分之差与一等奖无缘,从而失去签约南外的机会;

高二学生会主席答辩,沙凡的回答语无伦次,台下的初中生嘲笑她;灯火晚会,沙凡作为指挥在台上给游行方阵指方向,居然弄错了南北……

然而,一次次的失败让沙凡不断完善自己。沙凡笑着说,屡战屡败屡败屡战,直到屡战屡胜,北大正是看中了她的这种品质,面试时给了她94分的高分。

有人说:"一个人一生中的努力,都是为了证明自己有怎样的命。"但是,有的人将这个命抓在自己手中,而有的人则任凭所谓命运的摆布,得过且过、随波逐流。

人有命,因为命是自己的,是自己能够掌控和改变的;人也有运,但是运不是自己的,不过可以通过积极准备,来抓住稍纵即逝的运,从而改变自己的命。

失败固然很让人受打击,但是,这种打击就像经历风雨的考验,经受住一次你就比原来更强一些。

拿破仑曾经说过："失败并不可怕，可怕的是失败了永远站不起来，在失败面前勇敢站起来的才是生活的强者。"

所以，从这个角度来看，失败并不是坏事，相反还是一件好事。因为，正是一次次的失败铺就了通向成功的路。

北京大学小百科

北京大学图书馆的前身是始建于 1902 年的京师大学堂藏书楼，辛亥革命后正式改名为北京大学图书馆。五四时期李大钊为馆长。1919 年，毛泽东经在北大任教的恩师杨昌济介绍，在此任助理员，负责登记新到的报刊和阅览者的姓名，管理十五种中外报纸。1952 年全国院系调整，北京大学图书馆随北京大学迁至原燕京大学址，原燕京大学图书馆馆藏并入北京大学图书馆，并吸收了部分其他单位的馆藏，形成以原燕京大学图书馆馆舍为中心的格局。

第四课　北京大学名人榜——马寅初

> **人物简介**　马寅初(1882-1982),字元善,浙江嵊州市人,早年就读于天津北洋大学。后来接受了蔡元培聘请,任北大教授。

马寅初是北大历史上第一任教务长,又是新中国成立后第一任北大校长,"文革"结束后,又任名誉校长,这是北大历史上仅有的一种文化现象。他三进北大,在北大历史上留下了辉煌的一页。

"五四"运动前后,马寅初已是北大的著名教授。在北大任教期间,他先后讲授过银行学、货币学、财政学、保险学、交易所、汇兑论等应用经济学课程。他讲课深入浅出,生动活泼,联系实际,有启发性,备受学生欢迎。他一向重视研究实际问题,把理论和实际紧密结合起来,倡导学生创办了学生银行。

马寅初还积极支持学生成立各种学术性研究会,并经常应学生邀请发表演讲。他在教育园地里辛勤耕耘了六十余个春秋,桃李满天下。

马寅初不仅是杰出的教育家,更被人们称为不畏权势、坚持真理的经济学家、人口学家。20世纪50年代中期,马寅初提出以节制生育提高人口素质为中心的"新人口论"和综合平衡、按比例发展的经济理论。

他当时却受到不公正的对待。在康生、陈伯达等人的策划鼓动下,他的正确主张受到了批评。后来又从学术上的批判升格为政治上的批判。这位当时年近80的老人,不服"权威",孤军作战,又被撤去了北京大学校长的职务,随后,又离开人大常委会。

在学术问题上,他不唯上、不唯书、不唯风,只唯实,敢于坚持自己认定的真理,舌战名家不曾退却,为我国学术争鸣开创了一代新风,也为后来的学者树立了光辉的榜样。

马寅初先生的一生,是追求光明、坚持真理的一生。他不仅以他那卓然自立的、先于时代的独立思想,而且以他不屈不挠的抗争精神和他坚定的人格,把他毕生所崇尚的"北大精神"予以了淋漓尽致的展现。

第三章　北大的气质与魅力

　　作为中国最具精神魅力的学府，百余年来，这里成长着中国几代最优秀的学者，他们从这里眺望世界，走向未来，以坚毅的、顽强的、几乎是前仆后继的精神，在这片辽阔的国土上传播文明的种子。它不是一种物质的遗传，而是灵魂的塑造和远播。

第一课　最具学府气质与魅力的大学

> "思想自由、兼容并包"的传统在北大薪火相传,构成一种恒远而不其形的存在。"科学与民主"早已成为这圣地不朽的灵魂。

在北大学会的不仅仅是单纯的知识，感受更多的却是北大对一个人人格的熏陶,从这片园子里面走出的人都会深深打上北大的"烙印",具备特殊的精神气质。

或许在你每次读到北大时的激动中，或许在你高考奋力拼搏的动力中,或许在你拿到北大录取通知书的自豪中,你已经隐隐约约地有了这样一种感觉:北大是特殊的。百余年来,北京大学以其精神的魅力感召着一代代优秀学子走在时代的前沿,肩负起民族兴亡的深重责任。北京大学以其永远的校园净化着学子的心灵，使得每一位从这里走出去的人在多少年后仍饱含着泪水,心中默念着她的名字。

今天,当你背负着众人的期望远离家乡来寻梦时,你一定急切地想知道北大,这个你将生活四年的校园的庐山真面目。那么,且让我们走进北大……

一、看看北大的真容

北大是一座历史悠久的名校。著名哲学教授任继愈先生曾撰文指出北大的特点之一便是"老"。北大究竟有多"老"呢？一般说来,北大的校史是从1898年京师大学堂的创立算起。但究及历史渊源,则可以上溯到古代的太学、国子监。1912年,京师大学堂改名为北京大学,是中国近代史上第一所国立综合性大学。

北京大学建立之初,不仅是当时中国的最高学府,而且是中国的最高教育行政机关。一百多年来,北京大学在中国现代化的历史进程中起到了先锋的作用,形成了光荣的革命传统和优良的学术传统。她曾是中国新文化运动的中心;是"五四"爱国运动的发祥地;是在中国传播马克思主义和民主与科学思想的最初基地;也是中国推进现代化建设事业的重要教育中心和科学研究中心。

她还是"团结起来,振兴中华"的呐喊者和行动者,又是"小平您好"的高擎者和"承'五四'青年报国志,做科教兴国栋梁材"的倡导者,北大人的

身上,似乎有一种与生俱来的责任,而能成为一名北大人,你又怎能不感到激动和自豪呢?

这里成长着一代又一代优秀的学者和毕业生,孕育着庄严无畏的科学思想和富于创造力的科学成果,不断为两个文明建设作出新的贡献。爱国、进步、民主、科学的精神和勤奋、严谨、求实、创新的学风在这里生生不息、代代相传。

20世纪90年代末期,北京大学被国家列为高等教育发展蓝图的重中之重,是全国两所首批进入"211工程"的高校之一。教学改革与体制改革使今日的北大焕发出勃勃的生机。

1999年7月8日,北大正式宣布建立人文学部、社会科学部、理学部和工程科学部等四大学部,这一深化教育管理体制改革的重大举措,把北京大学的学部建设和人才培养推进到一个崭新阶段。

这些,你们可能一时不能亲身感受。那么,暂且先让我们把目光投向今日的校园——现在的北大校园主体是燕园,占地一百七十多公顷,地处北京西北郊海淀园林区,北依圆明园,西临颐和园。从南门进北大,浓荫覆盖,幽静深远。百年纪念讲堂、光华楼、图书馆等新建筑气势宏大而又透着现代气息。

从西门入校,映入眼帘的是石桥、流水和柳荫,往前看去,恢宏的办公楼和华表形成一种庄严、持重的气氛。来到校园深处,未名湖将一座座雕梁画栋融化在一汪清泓里,博雅塔、石舫、枫岛、翻尾石鱼都为你绘出一幅清新、淡雅、恬静的画图。

总之,只要你踏入北大校园,北大的历史就会化为一种实实在在、别有洞天的感觉,她的每一棵树,每一块碑,每一条路,都暗含着历史的沧桑,都凝结着文化的久远。而能在这样的校园里读书、做学问,又何尝不是一种享受呢?

看过了美丽的风景,你一定很关心这儿的生活设施。现在,学校正进行学生宿舍的滚动拆迁,住宿条件将逐渐改善。燕园的学生食堂林林总总的已不止六七个,食堂里的饭菜可以满足不同层次的需要。同时,每个食

堂又有各自的特点,可以说,"众口难调"在这儿应该不是什么难题了。

除此之外,还要向你介绍一条燕园里面的"商业街",那就是从三角地到学五食堂的那一段。商场、书店、食品店、邮局、银行等在那里应有尽有,这样,不用出校门,你就可以将自己的生活打理得妥妥帖帖。衣、食、住都没有问题了,"行"也不可忽视。燕园很大,因此,为自己买一辆自行车会更方便一些。

熟悉了生活环境之后,一向勤奋好学的你一定急切地想去学习了吧!北大的学习条件可以说是一流的。你可以在亚洲高校第一大图书馆里尽情地博览群书,也可以在一教、三教或四教静静地上自习,还可以到计算机中心去上机,更可以到电教报告厅去听各种各样名家荟萃、异彩纷呈的讲座。如此优越的学习条件,真得好好珍惜哦!

紧张的学习之余,锻炼身体和娱乐活动也是必要的。北大有一体、二体、体育馆,乒乓球、羽毛球、网球、游泳、旱冰等体育设施。图书馆内还可以预约录像,既锻炼英语听力,又获得片刻轻松。

每逢周末或节假日,校园里还会举办各种舞会,另外,社团活动也很丰富多彩,北大的社团繁荣时可达一百多家,因此,丰富的社团活动竟被人称为"百团大战"!

二、看看身边的师长

北京大学以其深厚的文化底蕴及其独特的文化氛围,吸引了众多高水平的教师在这里进行科研和教学工作,并以之为终身的奋斗之所。

北大有四百多名博士生导师,八百多名教授,这些老师中,既有德高望重、岳崎渊清、著作宏富,具有世界一流学术水平的学界泰斗,也有活跃在教学和科研第一线上风华正茂的跨世纪学术带头人。

在北大学术的沃土中,有过许许多多闪亮的名字:严复、蔡元培、陈独秀、李大钊、鲁迅、胡适、翦伯赞、顾颉刚、朱光潜、冯友兰、宗白华、王竹溪、马寅初、陈岱孙、季羡林、张岱年、邓广铭、罗荣渠、祝总斌、胡济民、程民德、黎乐民、唐有祺、徐光宪、侯仁之等等。

他们或已故去，或尚健在，但他们都曾把心留给北大，都曾对中国的思想文化和科学事业产生过深远的影响。他们的学生遍及各个行业，有的甚至于也已成为受人敬重的教授、博导。他们高山仰止的学术成就和诲人不倦的奉献精神已留在了全体北大师生的

【北大名人】

　　钱玄同，原名钱夏，号疑古，浙江吴兴人。1913年始，先后任北京高等师范、北京大学教授。1917年在《新青年》上发表杂感，力主"文学革命"。

心中，他们的成就和精神也将为一代又一代北大人继承和发扬下去。

北大人谈起著名的"未名湖畔三雅士"都是津津乐道而又肃然起敬。他们就是著名学者季羡林先生、张中行先生、金克木先生。这三位名扬海内外的大学者，又各有不同的个性和风格，在风景如画的未名湖畔做学问、会友、讲学，在北大传为美谈，而关于每位先生都可以拿出厚厚的一本书来，他们一生的许多成就与故事都具有传奇色彩。

季羡林先生是著名的东方学家，也是当代著名的语言学家、作家、教育家、翻译家和外国文学研究家。季老学识渊博，他精通英、德、梵、巴利语，还能阅读俄、法文专业书刊，是中国现代屈指可数的梵文专家，是世界上仅有的少数几个通晓吐火罗文的学者之一。

他对印度历史、印度文学、中印比较文学、古典文学理论等有很深入的研究，为中印文化交流作出了巨大贡献。除了教学和研究方面有着优异的成就之外，经过沙滩的风，燕园的雨，岁月的阴晴圆缺，季老也把心曲写进了一篇篇散文和随笔，季老的散文处处闪烁着一种人性的光辉与真正的大家之气。

张中行先生，著述甚丰，有《横约集》《观照集》《流年碎影》等，刘国正先生这样评价张老："学识渊博、融贯经史百家之音，历览古今中外之书。文得力于蒙庄，诗似玉溪谷生，金石书画亦有见闻。知道他的人都说他是个真正的杂家。"

而金克木先生呢，则有一个原则：不说废话，不求虚名。因此他很少签名，据说散步时碰见季羡林先生都不打招呼。

一提起北大,很多人只知道有文科而不知道有理科,然而,今日的北大理科不仅在规模上早已超出了文科,而且在成就上也堪与文科媲美。截至2011年底,北大仅中科院院士便有62名,世界最早合成的结晶牛胰岛素、中国的第一块计算机芯片都诞生在这里。

今天,北大的很多科研项目也居于国际领先水平。北大的学术精神是靠一代又一代的学人传承下去的。今日北大的名声与地位,固然离不开老一辈学人的成就,但人们更注意到:一大批中青年学术骨干已活跃在北大的讲坛与实验室。从化学与分子工程学院的严纯华教授到纳米研究所的刘忠范教授,从经济学院的刘伟教授到生命科学学院的吕植教授,这些中青年的学术带头人用自己的臂膀掮着学术的重担,有力地支撑着北大的学术梯队。

许多年前,李大钊曾经说过:"只有学术上的建树,值得'北京大学'万万岁的欢呼!"的确,正是北大老师的努力,造就了基础深厚、思想活跃的优秀学生,他们用自己辛勤的汗水促进了北大的建设和发展。可以自豪地说,富于创新精神的北大人每天都在创造新的成就。这正如生命科学学院年轻的教授、"全国十大杰出青年"之一吕植老师所说:"我的每一天都是新的。"

三、看看周围的同学

(一)、路漫漫其修远,吾志不移

北大是百年名校,其学术传统,非一日之寒,确实有震烁九州的气势与实力。无论什么时候,自习教室、图书馆乃至草坪之上,石阶之旁,都有埋头苦读的人,他们或许其貌不扬,或许讷不善言,却真能定心沉静,一心为学。

社会学系的项飚本科阶段便有了备受人们瞩目的学术成就。1992年,他开始对北京"浙江村"开展人类学研究,经过几年的辛苦"经营",他的研究成果陆续在许多全国性学术刊物中刊出。1996年在北京和牛津两次学术研讨会上,项飚对"浙江村"的深入研究引起了国内外学术界的关注。

化学与分子工程学院的于安池在20世纪90年代中期也成为北大的又一颗学术"名星",他的论文被国际引用的竟已达十篇之多。也许正是因为他们,北大才历百年风雨而仍居于学术领袖的地位。这,是北大的脊梁。

数学系的A君说:"当日光灯亮起来,坐在安静的教室之中,我开始读书做题,烦恼渐渐一一离去,觉得安宁而且充实。"或许,北大的学术希望正在于三教那不灭的灯火。经院的小张认为北大名师如云,有幸受教,自己若不发奋图强,真是愧对北大。

路漫漫其修远。学术之路,乃是苦旅,让我们真心地祝愿这些荆棘路上的学子们一路走好!

(二)、有"寄托"的一代

20世纪90年代,逼近世纪之末,也许不会再有人愚昧地以为"外国的月亮比中国的圆",然而,差距仍是不争的事实,尤其是高等教育。哈佛、牛津、早稻田世界知名,而众所周知,中国高校的世界排名一直无法争先。

为了出国留学,获得更高的教育,许多燕园学子早出晚归,勤背单词。而向来以办考托、考G班而闻名的新东方学校则一直是门庭若市,座无虚席。虽然为了出国镀金而后回国谋求个人利益的也不乏其人,但大多数的

燕园学子还是希望能借出国之机长长见识,多学本领,希望学成之后,报效国家。从这一点来看,他们称得上真是有"寄托"的一代。

(三)、校园"政治家"

大学生活比之高中,要丰富得多,团委、学生会等许多部门给北大学生提供了极好的磨炼素质、增长才干的空间,而各式各样的社团更是让人眼花缭乱。北大里丰富多彩的活动都需要有人组织,有人策划,有人奔走实干。

生物系的一位团支书感叹着,有时候累得要命,活动搞砸了,同学们却埋怨下来,心里真不好受。法学院的B君则说,社会工作真是辛苦,但才干也长了不少。看来,出而为众谋也是一件有苦有甜的事。

要紧的是只要少存私心,胸襟豁达才能拿得起放得下,不至于被名利所羁绊。更要平易近人,不得拿腔作势,招人生厌。振臂一呼,应者云集的英雄,人人都想做,但有没有这样的能力,则需自己多加掂量,勤为修炼。

第二课　北大理科全国排名第一

北大名人

　　刘半农,原名寿彭,改名复,初字半侬,后改半农。江苏江阴人。1917年成为《新青年》重要撰稿人,是新文化运动的倡导者之一。

　　提起北大,人们自然而然就会想起"思想自由、兼容并包"的精神,想起红楼,想起五四新文化运动,从而也会想起陈独秀、李大钊、毛泽东、胡适、鲁迅等一大批曾经叱咤风云的人物。确实,在国人心中,北大好像是一所人文气息更加浓厚的大学。

　　这也许和近现代中国的历史使命紧密相关,在救亡压倒启蒙的日子里,救亡英雄的呼声总是久久回荡在人们心中。在风云激荡的近现代中国,与"民主"相比,"科学"只是汪洋中的一叶扁舟,北大理科也只是一股湮没在救亡呼声和血雨腥风中的潜流。

　　然而,正是这股默默前行的潜流伴随着北大度过百年沧桑,在历经千沟百壑后终于汇成滔滔大江,与文科一起铸就了"民主与科学"的辉煌。

一、筚路蓝缕,以启山林

　　北大理科源远流长。北大理科的历史应该追溯到比北大前身——京

师大学堂更早的京师同文馆。1862年,同文馆创立。1868年,在清朝开明派的坚持下,同文馆设立算学馆和天文馆,成为中国历史上第一所系统地教授自然科学的学校。中国的理科教育在列强的枪炮声中蹒跚起步,承载着清朝开明派富国强兵的希望。

算学馆的首任算学教习李善兰是清末最著名的数学家,他在数学、物理、天文、生物等领域都取得可观的成就,李善兰的著作如《方圆阐幽》《孤矢启秘》《对数探源》等在当时影响极大。同文馆聘请了许多外国教习,在向中国传播外国科学知识方面,他们功不可没。同文馆总教习丁煨良编写了《格物入门》《格物测算》;天文教习海灵顿等编写《中西合历》;总教习欧礼斐编写《电理测微》《孤三角阐微》;化学教习毕利干翻译了《化学指南》《化学阐源》。可以说,同文馆为中国理科教育很好地完成了准备工作。此后,同文馆陆续增设化学、物理以及医学、生理等课程。1876年,同文馆还建成中国最早的化学实验室。

1902年,清政府下令将同文馆并入京师大学堂,而此时京师大学堂已成立4年。

即使不算同文馆,北大也是我国最早设立数学、物理、化学、地质等系的高校。

如果查看京师大学堂的学制就会发现,当时的理科叫格致科。京师大学堂理科门类齐全,1902年颁布的《钦定大学堂章程》详细列举了大学分科的科目,格致科包含天文、地质、高等算学、化学、物理、动植物学等六类,这和现代理科的分科没有多少差别。同年,京师大学堂师范馆设数学物理部,这是我国数理高等教育的开端。

在京师大学堂理科所在地北大红楼二院的日晷上刻着这么一段文字:"仰以观于天文,俯以察于地理,远取诸物,近取诸身。"这确实能够显现北大人发展理科的恢宏气势。就在"师夷长技以制夷"的理想中,北大理科承载着国人的希望迈出了关键的第一步。

二、声名鹊起,群贤毕聚

1917年1月的一天,北京大学大门敞开,戴着金丝眼镜、身着长袍马褂的前清翰林蔡元培一脚踏进了北京大学,从此开始了他对中国最高学府长达11年的精心营造。

和他的前任校长相比,蔡元培无疑是一个新旧时代的复合体。他是封建王朝的革命者,在天朝帝国的梦幻行将破灭之际,他对西方社会的先进科学知识的见闻和认识要比同辈高出许多。从这一点来看,他的兼容并包思想里必定蕴涵着对理科的无限关注。北大理科也正是在蔡元培的手中得以茁壮成长。

在蔡元培先生亲自为北大设计的校旗里,据说最上面的一道颜色代表科学。仅此一点就足以表明当时科学在他心中的地位。

蔡元培校长首先改革北大学科设置,扩充文科和理科,停办工科。在他的蓝图里,北京大学应该是以文、理科为主的大学。1918年,北大还成立了理科研究所。这是我国高校成立研究所之始。

蔡元培校长整顿教务,为了提高教学质量,他在北大实行专任教师制,他还辞退了一批不合格的教员。他广聘名流,由陈独秀出任北大文科学长,理科学长则由当时赫赫有名的夏元瑮担任。夏元瑮是中国第一位介绍爱因斯坦相对论的人。

蔡元培在北大建立的宽松的学术环境名扬四海,在他的安排下,一批大师级的科学家纷至沓来,如李四光、冯祖荀、颜任光、何育杰、丁文江、孙云铸、翁文灏及外籍教师葛利普等。在这些教授中,最有名的恐怕当数李四光。1920年,李四光来北大任教,他是中国地质学的奠基人,其卓越的成

就在今日之中国家喻户晓。1930年，他担任北大地质系系主任，在他的带领下，地质系突飞猛进，在国内高校中长期一枝独秀。

这一时期，北大理科各系的课程质量大幅提高，各系都建立了非常完整的课程体系。数学系开设了微积分、数论、立体解析几何、群论、微分方程式、形化及曲线几何学和数学史

【北大名人】

茅盾，现代作家、社会活动家。原名沈德鸿，字雁冰，茅盾是他常用的笔名。1896年7月4日生于浙江桐乡市乌镇，1913年考入北京大学预科第一类。著有《茅盾文集》10卷集等，并以自己的积蓄设立文学奖金(后定名为"茅盾文学奖金")，奖励优秀的长篇小说创作。

等29门课程。物理系的课程分为初级物理、普通物理和专门物理三个层次，分别为不同年级的同学授课。

各个层次的课程非常完备。化学系开设了普通化学、有机化学、定性分析、定量分析、有机化学实验、高等分析化学、应用化学和冶金化学等三十多门课程。生物系开设的课程涵盖各个专业，地质系的课程则达到七十多门。此外，北大理科各系的交叉教学和科研也比较深入。各个系都为其他系开设了选修课程，开设了如生物化学、高等物理化学等跨学科的课程。

北大大力改善理科各系的实验设备，加强培养学生动手实验操作的能力。1918年，蔡元培聘请著名的植物学家钟观光担任生物系预科教授，担负采集我国植物标本的工作。钟观光先后深入广东、福建、云南、广西、安徽、江西等全国各地调查我国植物分布情况，历时5年之久。他搜集和整理了许多珍贵植物标本，积累了大量资料，对我国早期植物分类学的发展作出了巨大贡献。

1924年，北大创建了全国第一个植物标本室。到1927年，北大生物系整理出标本八千多种，为我国生物学教学和科研提供了很好的条件。经过李四光的多年努力，北大地质系建立了矿物学、古生物学、矿物岩石光学等专业实验室，开辟了地质陈列室和研究室，还设立了地质学教室、古生物学教室和选矿实习室。

北大物理系在颜任光的带领下，逐步成为国内同类专业中设备最齐

全的系,有普通物理和专门物理实验室5所,光学实验室3所,电振动实验室、应用电学实验室和放射物X光线实验室各1所,以及研究室、仪器房和物理特备教室等。

物理系的学生实验课逐步充实,学生每星期都做一次实验,其中初级物理实验62个,普通物理实验69个,而专门物理实验由本科三、四年级学生做,每星期做两次,学生还可以在教授指导下自做实验,进行专题研究。

蔡元培校长为北大理科这条大船扯满了风帆。蔡元培离开北大之后,1930年,继任校长蒋梦麟成为这条船的舵手,并且一直干到1945年。

今天看来,蒋梦麟校长的远见一点不比蔡元培逊色。北大这时实行了学院制,设立文、理、法三个学院。蒋校长亲自担任文学院院长,而理学院院长则由著名的皮革专家刘树杞担任。

蒋梦麟对理科教师队伍进行彻底整顿,在实行教授专任制度的同时全部重新聘请教授。功夫不负有心人,北大网罗到一大批有名的专家和学者。蜚声国际数学界的大师、原哈佛大学数学系主任奥斯古德于1934年来到北大,即受聘北大数学系教授;哈佛大学博士江泽涵,1935年开始任北大数学系主任,他是我国拓扑学的先驱。

1933年,我国近代物理学奠基人之一饶毓泰开始任北大物理系主任,1936年起又兼任理学院院长;1934年,我国最卓越的物理学家吴大猷担任北大物理系教授,而从他的弟子中先后走出了郭永怀、马大猷、朱光亚、杨振宁、李政道等一大批中国最优秀的物理学家;曾昭抡是麻省理工学院博士,是我国近代教育的改革者和化学研究的开拓者,1931年北大聘请他为化学系教授、系主任;张景钺,我国植物形态学和植物系统学的开拓者,1932年开始任北大生物系主任;而在北大地质系,最早预见大庆油田的科学家谢家荣1935年起任系主任,可以说,北大的师资力量代表了这一时期中国的最高水平。

同时,北大教学硬件的建设成就卓著,新修的图书馆、地质学馆等为师生提供了良好的科研环境。到1935年,北大已建成实验室四十多个,实验仪器6716件,标本15788种,药品及实习用具三千一百多件,在当时被称

为"全国高校之冠"。

三、坚忍卓绝，厚积薄发

如果把1937年以前的北大理科比作一枝含苞待放的迎春花的话，那么抗战期间的北大理科就是一棵历经战火的青松。

1937年，当日军把战火烧到华北时，北京大学不得不南迁，最终和清华大学、南开大学在云南昆明成立了西南联合大学。

在日军的隆隆炮声中，西南联大的师生可能很难想到在他们中间将会产生未来的诺贝尔奖获得者，诞生许多共和国的"两弹"元勋。正是在这里，李政道、杨振宁、邓稼先、朱光亚、黄昆、钱伟长、郭永怀、唐敖庆、邹承鲁等人与他们的导师们一起默默耕耘。他们中的许多人将成为未来之中国乃至于世界最卓越的科学家，将在各自的研究领域里引领潮流。在极端艰苦的环境下，在"刚毅坚卓"的校训的激励下，联大师生一边抗日一边埋头苦学。

西南联大理学院由算学、物理学、化学、生物学和地质地理气象学等5个系组成。理学院汇集了当时国内的顶尖学者，可谓人才济济，教授阵容绝对全国第一，其中不少是我国各有关学科的开山鼻祖。

算学系教授有江泽涵、姜立夫、程毓淮、杨武之、陈省身、华罗庚等，物理学系的教授有饶毓泰、郑华炽、吴大猷、叶企孙、吴有训、周培源、王竹溪等，化学系的教授有曾昭抡、孙承谔、朱汝华、高崇熙、黄

子卿、张青莲、杨石先、邱宗岳等，生物学系的教授有张景钺、沈嘉瑞、李继侗等，地质地理气象学系的教授有孙云铸、王烈、袁复礼、冯景兰、李宪之、王恒升等。他们中的任何一位都足以在各自的领域里遥遥领先，独占鳌头。

西南联大的教授大多数都曾经留学欧美，获得过国际一流大学的学位。除了这些前辈大师之外，联大还吸引了不少在国外学业有成的年轻教授，他们在国外时就从事各前沿学科的学术研究，他们的到来，无疑为联大的教学和科研带来了勃勃生机。借助这种优势，联大的教学水平不仅国内一流，而且已经十分接近国际水平。

联大学生直接使用国际最新的外文教材，联大还开设了许多直接反映科学新发展的课程。华罗庚的解析数论、连续群论，陈省身的网罗几何、黎曼几何等，反映了当时国际学术界的新成果；江泽涵从事拓扑学研究，这一研究当时在国外都是全新领域，引起了全校师生的浓厚兴趣；华罗庚和程毓淮讲授的近世数学的内容也非常新颖。不仅如此，联大还提高了以往理科课程的质量，例如高等理论化学课分作了量子力学、统计力学和应用力学等三门。诺贝尔奖获得者杨振宁回忆联大的学习时深情地说："西南联大是中国最好的大学之一，我在那里受到了良好的本科教育，也是在那里受到了同样良好的研究生教育。课程都非常有系统，而且都有充分准备，内容都极深入。直到今天我还保存着当年听王(竹溪)先生讲授量子力学时的笔记，它对我仍是有用的参考资料。我在物理学里的爱憎主要是在该大学度过的6年时间里培养起来的。"杨振宁在联大的硕士论文是吴大猷指导的，他说："我学到了群论的美妙和它在物理中的深入。对我后来的工作有决定性的影响。这个领域叫对称性原理。"而杨振宁正是由于提出弱作用下对称不守恒的理论而与李政道获得1957年诺贝尔奖。

由于战事影响，三校的实验仪器或者无法长途运送，或损失严重，致使联大理科的实验设备相对缺乏。但联大还是多方筹集经费，从国外购买了少量仪器，或者自制仪器，基本满足了教学的需要，这在当时已是很不容易。生物学系建设了生理实验室，航空学系还建设了实验

梦想殿堂

设备风洞。

无论怎样，联大利用有限的条件，坚持了实验教学的不中断。联大某些系还坚持带领学生进行野外实习，其中最有影响的是由曾昭抡教授率领、由10人组成的"西康科学考察团"，他们步行考察了大凉山彝区506华里，对沿途矿产资源进行了普查和核对，并记录了交通情况，为日后我国攀枝花矿区的探矿及开采提供了依据。

在教学的同时，联大教师还积极进行科研，也取得了不少成果，发表学术论文数以百计，有的成果达到了国际先进水平。生物学系沈同教授的有关余甘子(滇橄榄)的维生素C的研究成果，由英国访问学者李约瑟教授带到英国后，在英国著名的《自然》杂志第152期发表。1944年，美国副总统华莱士访问联大，参观了联大生物学系动物生理实验室，对生物学系评价很高。在1941—1945年教育部举办的五届学术评议活动中，联大教师获得7项自然科学方面的一等奖。

"千秋耻，终当雪；中兴业，需人杰"，这是西南联大校歌中的一句歌词。然而正是这句歌词为联大理科做了最好的历史定位。西南联合大学为新中国培养了大批的优秀人才，其中诺贝尔奖获得者2位：李政道和杨振宁；我国"两弹一星"元勋8位，他们是郭永怀、陈芳允、屠守锷、赵九章、杨嘉墀、王希季、邓稼先、朱光亚等。此外，有许多联大师生后来成为我国高校中的支柱，成为我国各条战线上的带头人，有不少荣膺院士称号。在民族危急的关头，正是西南联大维系了中华教育的命脉。

四、一枝独秀，硕果累累

抗战胜利后，1946年，西南联大迁回北方，北大师生也回到了魂牵梦绕的红楼。经过战火的洗礼，采他校之精华，北大理科实力已经今非昔比，迎着朝阳步入了新中国。

1952年，根据国家建设的需要，全国高校实行院系大调整。北大的医、工、农学院及其他部分学科独立成为高等学校，或并入其他学校与科学院系统。而清华大学、燕京大学的文、理科主体部分及其他高校的相关系科并入北京大学，从此，北大成为一所侧重文、理科的综合性大学。具有戏剧性的是，当时从北大独立出去的医学院，后来发展成为北京医科大学，在进入21世纪时，北医重新并入北大，完成了一次历史循环。

新北大的理科更是名师荟萃，专业的设置也更加细致完善。可以说，经过重组的北大理科从设施到师资在国内都无出其右者。北大理科的师生们不负国家重托，责无旁贷地担当起新中国科教兴国的排头兵。

1955年，为了尽快建立我国的核工业体系，北大建立了全国第一个原子能人才培养基地——物理研究室(北大技术物理系的前身)。1959年初，物理研究室改为原子能系，1960年又改为技术物理系。北大技术物理系的建立、发展和演变都与我国原子能事业的发展休戚相关，为我国核科学技术事业的发展培养了大批高水平专业人才，作出了不可磨灭的贡献。

1956年，国家根据科学发展规划需要，集中北京大学等校师生到北大物理系，在黄昆、谢希德教授的主持下，创办了我国第一个半导体专业，培养了我国新兴半导体事业的第一批骨干，为我国信息科学技术的发展奠定了人才基础。

在科学研究方面，北大理科充分发挥自己的天然优势，在国际新学科和重要学科研究的前沿领域取得了重大进展。

1965年，北大与中国科学院合作，在世界上第一次人工合成了牛胰岛素。1973年，北大在国内首次研制成功百万次电子计算机。1988年，北大数学系廖山涛教授关于微分动力系统的研究荣获国家自然科学一等奖。另

外,北大在湍流理论、层子模型理论等重要领域都取得了国际性的突破。

20世纪90年代以来,随着国家对教育、科技投入的增加,北大理科取得了更大的发展。1991年,北大化学系、物理系在国内首先研制出碳60、碳70,进入国际先进行列;同年,化学与分子工程学院测定的铟原子量被接受为原子量国际标准,这也是我国科技史上的第一次。随后,他们测定的锑、铕、铈原子量也被接受为国际标准;1992年,技术物理系等单位研制的加速器质谱仪建成并投入应用,不仅在地球科学与考古方面取得了重要成果,在生命科学与环境科学上也有广泛应用;1996年,中国第一个磁光阱诞生于北大,标志着我国迈入了激光冷却获得超冷气体原子这一世界尖端的科学领域;2000年,夏商周断代工程通过验收,入选"中国十大科技新闻",北大以其文理兼备的优势起到重要作用;同时,北京大学的亚纳米碳管稳定性研究和国家空间信息基础设施关键技术研究双双入选2000年"高校十大科技进展",北大是唯一一所有两项成果入选的学校。

在应用研究和科技成果转化方面,北大理科也取得了累累硕果,充分显示了自身的实力。1993年,区域光纤通信网与新型通信系统国家重点实验室研制成功12路波分复用光纤通信实验系统,在此基础上,他们又研制出了我国第一套可供现场实验和工程使用的,传输容量最大的无中继波分复用系统;视觉与听觉信息处理国家重点实验室的石青云教授成功研

制出指纹识别系统,其性能超过了国外的同类产品;在王选教授的领导下,北大计算机研究所研制出了第四代汉字激光照排系统,实现了人类历史上印刷术的第三次革命,使印刷从此告别铅和火的时代,步入了光和电的时代。

北大理科的新发现、新成果源源不断,北大理科在国内外取得的"第一"层出不穷,北大理科的名气在世界科学界越来越大,北大的科学家们也频频出现在国际领奖台上。1991年,号称"小诺贝尔奖"的联合国教科文组织贾乌德·侯赛因青年科学家奖被北大年轻的学者陈章良教授捧走;1995年,王选教授荣获联合国教科文组织科学奖。

五、抢占前沿,奔向未来

21世纪是纳米技术、生物工程、超导技术和IT产业的时代,伴随着风起云涌的世界科技的进军,北大理科已经瞄准了时代的最前沿。

北大纳米科技中心发挥北大多学科综合的优势,在超高密度信息存储材料、纳米器件的组装和自组装、纳米结构的加工、短单壁碳纳米管的结构和电子学特性研究等方面都取得了可喜的成果。特别是中心长江学者彭练矛研究组发现了0.33nm级别的单壁碳纳米管,突破了日本科学家所给出的0.42nm的理论极限,并从理论上论证了其稳定性;新型有机信息存储材料信号写入读出点达到1.3nm (国际上其他实验室的最好水平为10nm),达到国际先进水平;纳米化学研究室在国际上则率先开辟出针尖化学的新领域。

北大生命科学院与医学部强强联手、珠联璧合,实力更加雄厚,在生物信息技术、植物基因工程、干细胞研究、后基因组时代的蛋白质组学研究、免疫治疗等国际前沿领域都取得了重大突破。

在超导研究方面,北大是国内最早从事超导研究的科研单位之一,北大物理学院甘子钊院士担任了国家超导技术专家委员会第一首席科学家的重任,北大还与中科院联合组建了北京射频超导中心,在超导研究方面发挥领头雁的作用。

具有自主知识产权的微处理器是我国信息产业掌握发展主动权和实现跨越式发展的基石。北大计算机系程旭教授领导的科研小组成功研制出了我国首个16位和32位嵌入式微处理器,被誉为第一颗"中国芯",结束了中国信息产业无"芯"的历史。

电子学系在国防科技卫星应用的重点项目中作出重大贡献,成功地完成"53AA卫星通信系统"型号研制任务。该系统是我国第一套独立自主成系统研制的卫星通信系统,总体技术在国内处于领先水平,达到国际同类产品的先进水平。

计算机系软件平台与软件环境实验室承担的国家攻关项目"青鸟Ⅲ型系统软件"研发成功并达到国际先进水平,为我国软件的工业化生产提供了重要支持。

以生命学院潘文石教授为首的科研组,经过15年艰苦的野外研究,在大熊猫保护生物学领域被国际上公认达到世界先进水平,潘文石教授2008年获得美国第九届"福特汽车环保奖"最高奖项"生态文明贡献奖"。

历经百年磨砺,今天的北大理科已经今非昔比。北大发展成为国内高校中设施最完备、师资最雄厚的科研与教学重镇,吸引了国内外各界人士的目光。

北大理科目前拥有62名中国科学院院士, 院士总人数在全国高校中名列榜首。仅2001年北大就新增5位院士,是同年国内新增院士最多的高校。据统计,在2001年新当选的两院院士中还有13人是北大校友。另外,北大的中国工程院院士有8人;9名北大学者荣列第三世界科学院院士之林,北大在该院院士的人数高居国内高校榜首。

"国家重点基础研究发展规划"被称为"973计划",该计划涉及农业、资源、信息、资源环境、人口与健康等重大科学问题。据统计,北大有13位教授任"973项目"首席科学家,是国内出任"973项目"首席科学家人数最多和承担973子项目最多的单位;"长江学者奖励计划"是由教育部和香港李嘉诚基金会共同筹资合作实施的,其宗旨是延揽海内外中青年学界精英参与我国高校建设,带动国家重点建设学科赶超或保持国际先进水平,并培养造就一批具有国际领先水平的学科带头人。至2003年,北大"长江学者"人数达到58位,位列全国高校之首;国家杰出青年基金是国家设立的专项科学基金,用于资助国内及尚在境外即将回国定居的优秀学者,鼓励他们在国内进行自然科学基础研究和基础应用研究,以加速培养一批进入世界科技前沿的跨世纪优秀学术带头人。至2002年,北大共有70位青年学者获杰出青年基金资助,人数为全国高校最多。

目前,北大理科门类齐全,不但涵盖数学、物理学、化学、生命科学、地球与空间科学、天文学和心理学等基础学科,还在此基础上发展了力学与工程、计算机科学与技术、电子学、信息科学、环境科学等应用学科。

据统计,目前北大共有国家级重点实验室与教育部、卫计委重点实验室30余个,几乎涵盖了所有理科院系。

2001年,北大教授王选院士和北大校友黄昆院士同获第二届"国家最高科学技术奖",这是我国科技界的最高奖励。王选院士策动了中国印刷术的革命。黄昆院士在固体物理学研究方面作出了开拓性的贡献。加上首届国家最高科技奖得主之一、原北大数学系教授吴文俊院士,北大人在已评出的5位国家最高科技奖得主中占了3位。同时,北大共有4项成果被评为国家自然科学二等奖(一等奖空缺),居全国高校之首。在教育部设立的国家教学成果奖评选中,北大继续保持了历年以来的领先优势,共获奖24项,其中含特等奖1项。

在2001年国家重点学科评审中,北京大学共有81个学科入选,比第二名多32个,其中理科有26个,医科16个,入选数目在全国高校遥遥领先。

党中央和国务院对北大理科的支持也是史无前例的。2000年,北大理科的到校科研经费共达3亿元,比上年整整翻了一番。国家"211工程"和北大创建世界一流大学计划的实施,无疑又为北大理科的发展吹来了一股煦暖的东风。

北大理科的总体实力之强,全国其他高校难以望其项背。按照教育部最新评定的国家重点学科数目,无论是纯理科还是大理科 (包括理工农医),北大均为全国第一,而北大拥有最多的院士也同样证明了这一点。北大的科研总体实力在全国高校中遥遥领先,全校共拥有各类研究所(中心)360个,国家实验室1个,国家级重点实验室16个,国家工程研究中心5个,教育部重点实验室18个,卫计委重点实验室和工程研究中心12个,国家基础人才培养基地19个,附属和教学医院19个,上述指标均居全国第一。凭借其浓厚的学术氛围和卓越的科研水平,北大能够不断地推陈出新,把最前沿的科学知识传授给学生。北大堪称我国科学的圣地。

北京大学小百科

北京大学的数学科学学院田刚、王诗宬教授、物理学院教授赵光达、秦国刚教授、化学与分子工程学院黄春辉教授、地球与空间科学学院涂传诒教授、环境学院方精云教授、工学院黄琳教授、医学部童坦君教授等九位教授在 2001—2005 年间当选为中国科学院院士,同时当选的还有北大学子周又元、汪承灏、叶朝辉、石耀霖、王颖、高玉臣、刘宝镛、夏建白、邝宇平、解思深、陆埮、郑有炓、陈创天、计亮年、陆大道、吴养洁、王鼎盛、陈和生和吕达仁等 19 位。中国科学院院士是中国设立的给予科学技术领域有杰出贡献的个人的最高学术称号,为终身荣誉。北大医学部庄辉教授、信息科学技术学院原院长何新贵教授在 2001—2005 年间当选为中国工程院院士,同时当选的还有北大学子冯培德、唐希灿、孙承纬、龚知本、李连达、刘昌孝、刘韵洁、丁一汇和陈君石等 9 位校友。中国工程院院士是中国设立的给予工程技术及管理领域有杰出贡献的个人的最高学术称号,为终身荣誉。

第三课　北大学子的社会地位

北大英才辈出，堪称大师之园。北大的毕业生和教师为我国的自然科学、文化事业的发展作出了奠基性和开拓性的贡献。

北大自创立以来就一直是国际上知名度最高的中国大学，同时也是国内最具开放性的大学。置身于此，正可以放眼世界，胸怀天下。现有来自近百个国家的四千余名留学生在北大求学，留学生人数在全国高校中遥遥领先。

历年来访问北大的诺贝尔奖获得者、国际学术大师、各国元首与政府首脑的人数在国内高校中均居第一。

2004年，斯坦福大学、耶鲁大学、剑桥大学、牛津大学、巴黎高师、巴黎高科等国际著名大学负责人访问该校，9位诺贝尔奖得主登上该校讲台，8位外国政要莅临该校发表演讲。

目前，北大已与世界上五十余个国家的近300所著名大学建立了校际交流关系，数目亦居全国高校之首。

北大人的身影活跃在各行各业之中。聪明的才智、坚实的培养、名牌的声誉、务实的风格，这些无不在为北大人铺就良好的出路。根据教育部

2008年的统计,北大学生就业率高居全国之首。

另外,北大学子每年出国的人数和学校的档次都同样高居全国之首,比如哈佛大学和耶鲁大学在中国招收的留学生名额,大部分都投放给北大学子。

一流的生源,一流的培养,造就了一流的人才。自1999年学生就业指导服务中心成立以来,北大毕业生平均供需比达到1∶10,毕业研究生一次就业率分别达到了95%以上,名列全国高校前茅。

北大曾多次荣获教育部评选的"全国普通高等学校毕业生就业工作先进集体"荣誉称号。也正因为如此,从每年的10月份开始,知名企业、跨国集团、高新技术企业、党政机关均到北大展开一轮一轮的人才争夺大战。

从工作单位的性质上看,北大本科毕业生的就业领域主要集中在国家机关、高等院校、科研院所、新闻出版、金融机构、国有企业、三资企业等,近几年特别是去著名跨国公司以及高新技术产业领域如IT行业的就业比例更趋明显。

几乎在所有最庄严的国家机关和最著名的公司企业当中都能找到北大毕业生或活跃或沉稳的身影,如中共中央办公厅、全国人大常委会有关部门、国务院系统各部委、最高人民法院系统、最高人民检察院系统、外交部、外贸部、海关总署等国家党政机关。

既有中国人民银行、工商银行、建设银行、农业银行、中国银行、交通银行等国有商业银行,又有保险公司、证券公司等金融机构;还有Microsoft(微软)、IBM、MOTOROLA(摩托罗拉)、Shell(壳牌)、爱立信、Bell(贝尔实验室)、麦肯锡、安达信、高盛、美孚石油等全球著名的跨国公司;高新技术企业如北大方正、联想、清华同方、深圳华为、中兴、大唐、巨龙等,横跨上百个行业。

来北大招聘,几乎所有的单位都会说:我们看中的是北大毕业生的高素质,发展的潜力和创新的能力,专业并不重要。即便是北大基础学科、长线专业的毕业生,如数学、地球物理、地质、历史、考古、哲学等专业的毕业生,也广受不同领域用人单位的热忱期待和欢迎。

从就业单位分布的地区来看:北京、上海、深圳、广州、宁波、青岛、大连、杭州、厦门等成为北大毕业生就业的主要城市;京津地区、宁沪杭长江三角洲地区、珠江三角洲地区成为北大毕业生就业的主要地区。

除良好的就业去向以外，大约70%(文理科合计)的本科毕业生考取(含免试推荐)了研究生或自费出国留学,进一步深造。在考取自费出国留学的毕业生当中,大都为直接攻读博士学位。美国的哈佛大学、斯坦福大学、MIT(麻省理工学院)、加州大学伯克利分校、普林斯顿大学;英国的剑桥大学、牛津大学;日本的东京大学等世界名校都有北大学子的身影。他们发奋学习、刻苦钻研、团结拼搏,继续成为遥遥领先的佼佼者,为母校和祖国赢得了广泛赞誉。

百年学府北京大学集人才培养、科学研究、社会服务为一体。我们有

理由相信,沐浴着爱国、进步、民主、科学的传统精神,熏陶在勤奋、严谨、求实、创新的学风之中,北大学子的全面成长成才,北大争创世界一流大学的壮丽前景,必将变为现实。

北京大学小百科

　　北京大学教授侯仁之院士 2001 年获得美国国家地理学会大奖——"研究与探险委员会主席奖"。美国国家地理学会是世界最大的非营利性科学与教育机构。"研究与探险委员会主席奖"是授予那些为世界带来新知识、拥有杰出贡献的国家地理学会基金获得者。北京大学外国语学院教授金鼎汉(55 届东语系)2001 年获得印度总统纳拉亚南亲自颁发的代表印地语研究最高成就的奖项——乔治·格里森奖。北大医学院 50 届校友、中国医学科学院北京神经科学研究所所长、北京天坛医院名誉院长王忠诚院士获得 2001 年"第十二届世界神经外科联合学术会议"授予的"最高荣誉奖章",这是世界神经外科最高奖,他是迄今（截至 2009 年）中国唯一获此殊荣的神经外科医生。

第四课　腹有诗书气自华

> 气质是指人的相对稳定的个性特点和风格气度。气质是根据人的姿态、长相、穿着、性格、行为等元素结合起来的，给别人的一种感觉。

个性本身就是一种美

气质，在《辞海》里解释为：人的相对稳定的个性特点和风格气度。众所周知，每个人都是这个世界上独特的个体，即使是双胞胎在个性气质方面也是不一样的，因此，气质作为个性的一种是具有其独特性和唯一性的。

我们经常见到有的人奇装异服，有的人不修边幅，有的人精心打扮，有的人中规中矩，有的人喜怒无常，有的人懦弱卑怯……这是不同人的不同个性。在当下社会，个性已经被片面理解为标新立异、哗众取宠，实际上，这并不是个性的真正含义。

个性就是个别性、个人性，就是一个人在思想、性格、品质、意志、情感、态度等方面不同于其他人的特质，这个特质表现于外就是他的言语方式、行为方式和情感方式等。任何人都是有个性的，也只能是一种个性化

的存在,个性化是人的存在方式。也就是说,个性是与众不同的,但并不一定是怪异、新奇的。

目前,西方心理学界一般认为阿尔波特的个性定义比较全面地概括了个性研究的各个方面。这个定义是:个性是决定人的独特的行为和思想的个人内部的身心系统的动力组织。

在日常的人际交往中,我们会发现,有的人行为举止、音容笑貌令人难以忘怀;而有的人则很难给别人留下什么印象。有的人见过一面就印象非常深刻,有的人长期相处,也未必有很深的印象。于是,很多人错误地以为,那些能给人留下很深印象的人是有个性的,反之则是没个性的。其实,每个人都是有个性的,只是鲜明的、独特的个性容易给人以深刻的印象,而平淡的个性则很难给人留下什么印象罢了。即使那些一声不吭的人,也是有个性的,沉默就是他们的个性。

现在很多年轻人追求个性,但实际上他们追求的个性是别人的,张扬的个性也不是自己的。追求时髦其实是在磨灭个性,而不是在凸显个性,因为时髦固然超前,固然标新,但是,追的人多了就出现了类似性、雷同性,也就没有个性可言了。只有个人性是唯一的,是自己独有的标志,是别人追求不了的。所以,一个人能成就什么,不在于变成和谁一样,或者像谁那样的人,而是变成一个什么样的自己,成为内心想成为的那个自己。

一个人的个性虽然具有稳定性,比如,有的同学关心集体,热情帮助别人,这并不是心血来潮,而是他一贯如此,这种稳定的表现就是个性的一种真实反映。但不可否认的是,个性或称人格绝不是一成不变的。因为现实生活非常复杂,随着社会现实和生活条件、教育条件的变化,年龄的增长,主观的努力等,个性也可能会发生某种程度的改变。特别是在生活中经历重大事件或挫折,往往会在个性上留下深刻的烙印,从而影响个性的变化,这就是个性

【专家感言】

我们常说"文如其人""字如其人",这是说,一个人写的文章和文字反映着他的个性,通过文章和文字就能对一个人的个性有一定程度的了解。同样的,一个人的服饰也能反映出一个人的个性来。

的可塑性。

一个人对服饰的款式、色彩、图案和质地常会显示出某种偏爱,这种偏爱是个性的反映和表露。其中服饰色彩与个性的关系最为密切,不少研究者声称找到了两者之间的对应关系。例如,偏爱冷色调服饰的人通常表现出安详、冷漠和好沉思冥想的个性;喜欢暖色调的人一般精神饱满,天性活泼好动,富于情感,热情而急躁;偏爱红色的人渴望刺激,好新奇;喜欢红褐色的人,不少是属于多愁善感而又容易与人亲近的类型,秉性柔和温顺;紫色的爱好者常常带有艺术家的气质或自命清高;棕色和绿色常常是稳重谨慎性格的人所中意的色调,这些人不喜欢锋芒毕露;橙黄和橙红是乐观天性的表露;偏爱白色或银灰色的人往往高雅脱俗:喜欢黑色的人也许十分谨慎,如果喜欢黑色配紫色的话,则可能是忧郁或悲观的反映;偏爱黄色,特别是大面积地使用黄色,则是醉心现代作风的表现等。

正是因为每个人都有自己的独特个性,而且这些个性使得每个人的生活和别人都不一样,所以才构成了这大千世界的千般绚烂、万般精彩。因此,无论是在身边还是擦肩而过,无论是交往还是独享,个性都是一个人最美、最宝贵的财富。

北大中文系的岳紫菱(化名)对个性有着自己的诠释,她在自己的一篇文章里这样写道:

个性是一种符号。

犹如山间小溪的平静和安宁,即使遇到石头的阻拦,也不过是微微发出声响;即使是遇到山洪暴发,即使是变得粗壮,也不改自己向往安宁的本性。它唯一的信念就是流淌,无论遇到什么阻碍,总会想办法流过去,成就沿岸的水草,方便经过的牛羊。它不想澎湃,也不需要浩荡,潺潺不过是它生命中最美的交响。也正因为如此,它才叫小溪,透着一种秀气和灵动,浸着大地的温情和脉搏。

个性是一种品格。

它就是它自己,不趋同于任何人,也不向任何人谄媚,它只做它自己,即使被风刮得东倒西歪,被雨淋得浑身湿透,被霜裹得面目全非,被雷劈

得凌乱不堪,但它就是它,它不会变成别人,也不屑变成别的,因为在它的心里,自己才是这个世界上最美好的一个,尽管别人不一定认同。

个性是一种精神。

它不会因为困难就变成逃兵,不会因为阻挡就变身依附,不会因为压制就放弃抗争。它有自我的尊严和生命的价值,它有自己的追求和意志,这是它生生不息的信念。就像雄鹰必然要展翅翱翔,花儿注定要开花吐艳,翠竹总要出节拔高,种子总要生根发芽一样。

个性是一种力量。

不需要借助,也不需要倚仗,在内心深处会相信自己就是一个不屈的人,即使面对羁绊也一样会奋起,面对打击也一样会扛着,面对藩篱也一样会突破,因为在内心深处,现实的无奈并不能阻止冲锋的脚步,必然会去追寻想成为的那个自己,这就是内心最强的潜动力。

个性是一种魅力。

它以和任何人都不一样的一种方式将自己展现出来,宣示自己的存在,无法让人忽略。但同时,这种存在会焕发出夺目的色彩,吸引人们的眼球,就如同华山以险,黄山以奇,引人流连;洞庭以涌,钱塘以潮,吸人驻足。还有那牵挂天下寒士的杜甫,不肯摧眉折腰的李白,俯首甘为孺子牛的鲁迅,他们的个性不仅是个人魅力,更是一种人性光辉。

个性是一种财富。

它比不上钻石,虽然恒久却难以千年;它比不上岁月,虽然沧桑却不会斗转星移;它更比不上潮流,虽然也夺人眼球却无法被更多的人模仿。它只会坚守自己的信念,站成一座峰,可登攀却不可征服。它不会被时光带走,不会被岁月磨损,不会被晨曦剥蚀,不会被名利诱惑,不会被铜臭玷污,不会被沽名交易,不会被强权霸占,它就是它,坚如磐石,坚不可摧。

个性既彰显自己却又彼此映衬。

大树固然伟岸,小草也不失其顽强;钢铁固然坚强,流水也不失其温柔;山峰固然巍峨,小树也不失其坚韧。月亮固然皎洁,如果没有云的相伴,也会显得孤独冷清;草原固然辽阔,如果没有骏马的奔驰,也会显得单调和空寂。一个人固然是强者,但在某些方面也会柔弱,这就是大自然的道理:刚柔并济、强弱相合、动静相间,才有生命力,才是和谐之道。

个性无论是什么样的,本身就是一种气质的美。

你的魅力从哪里来

气质表现在心理活动的强度、速度、灵活性与指向性等方面,是一种稳定的心理特征。这种稳定性通过外在的行为表现出来,就是人们常见到的每个人不同的个性。

比如,有的人老实憨厚,有的人性格开朗,有的人嬉皮笑脸,有的人细心体贴,有的人大大咧咧,有的人好动,有的人好静……

性格开朗、潇洒大方的人,往往表现出一种聪慧的气质;性格开朗、温文尔雅的人,多显露出高洁的气质;性格爽直、风格豪放的人,气质多表现为粗犷;性格温和、风度端庄的人,气质则表现为恬静……无论聪慧、高洁,还是粗犷、恬静,都能产生一定的美感。

相反,刁钻奸猾、孤傲冷僻,或是卑劣萎靡的气质,除了使人厌恶以外,绝无美感可言。

一个人的真正魅力主要在于其特有的气质,这种气质对同性和异性都有吸引力,这是一种内在的人格魅力。

气质美看似无形,实为有形。它是通过一个人对待生活的态度、个性特征、言谈举止等表现出来的。气质外化在一个人的举手投足之间,走路的步态,待人接物的风度,皆属气质。

朋友初交,互相打量,立即产生好的印象,这种好感除了来自言谈之外,就是来自作风举止了。热情而不轻浮,大方而不傲慢,就表露出一种高雅的气质;狂热浮躁或自命不凡,就是气质低俗的表现。

"领导力"专家詹姆斯·麦格雷格·伯恩斯对罗斯福的描述无疑也精确地符合周恩来:"他具有天生的洞察力,

【专家感言】
一个人的气质包含着修养、品德、举止行为、待人接物、说话的感觉等多个方面,而且,没有好坏之分。

很会把握他人的动机,并有许多技巧,其中之一就是耐心地谛听别人倾诉自己的苦衷和难处,这对一个喜欢讲话并主宰谈话的人来说是不容易做到的。他懂得如何用说理的方法来说服一些人,用魅力来降服另一些人,用自信的表现来对付这种人,用奉承话来宽慰那种人,用渊博的学识来折服其他人。"这种素质使他成为一位伟大的行政管理者与一名出色的外交家。

当然,伟人的气质不是一般人能够比拟的,但是,作为普通人,对气质的修炼同样可以为自己增添光彩,赢得别人的瞩目。

气质只给人们的言行涂上某种色彩,但不能决定人的社会价值,也不直接具有社会道德评价含义。

北大学子的气质似乎总有别于其他高等学府的学子,有人总结说,北大学子的气质体现在三方面:自视颇高,抱负极其远大;不惮哗众,敢于惊世骇俗;勇于尝试,不屑寻常途路。这些是有事例为证的:

北大哲学系硕士邓文庆,毕业后在福建莆田广化寺剃度出家,人称"显庆法师",2006年他来到龙泉寺出家。父母前来劝他还俗,结果被他说服,自己也成为龙泉寺居士,跟在儿子身边学习佛法。

现任河北省佛教协会副会长、河北柏林禅寺方丈明海法师,是北大哲学系87级学生,他于毕业的次年在柏林禅寺从净慧老法师剃度出家,现在已是佛教界有名的高僧。

北大数学系湖北籍学子柳智宇,大学毕业后放弃以全额奖学金前往美国名校深造的机会,2010年到北京西山龙泉寺修行。

还有北大学子卖猪肉、当油漆工……

不可否认,这些事件都在社会上引起了轩然大波,让很多人不能理解。或许当油漆工的北大学子苏黎杰的话能够给人们一些答案。

出生于河南南阳的苏黎杰,2005年从北大毕业留京后,在大学里教过书,在公司里任过职,曾一度努力想融入大城市的生活,但总感觉工作和生活状态不理想,甚至有置身繁华都市之外的落寞感。

2009年12月,她毅然回到家乡。熟悉的乡音乡情,让她一下子找到了感觉:"我感到自己的心一下子踏实了!"

为了解决生存问题,她报名参加了免费油漆工培训班,面对周围人的不理解,她很坦然地说:"我从来不觉得体力劳动有什么丢人的!"她说,自己出身于普通工人家庭,受父母平淡幸福生活的影响,不觉得学当油漆工丢人,这也是靠自己的劳动吃饭,技多不压身嘛! 她还说,这点儿体力劳动,让自己的精神很放松。

一个人做什么事情,面对一件事情做出怎样的选择,表面上看起来是和做事情的动机有关,实际上这个动机是一个很复杂的因素,最直接的体现就是一个人的气质。就像有人总结的北大学子的气质一样,他们勇于尝试、敢于惊世骇俗,所以他们更遵从自己内心最真实的想法,而不会被过多的世俗所左右,做出违背自己意愿的事情来。

相反,有很多人被所谓的光环所束缚,不能完全放下虚荣的心理,所以做事情很辛苦。

一个人的选择无所谓对错,之所以北大学子的选择会引起社会的热议,还是因为人们过多地被传统观念和世俗眼光"绑架"的结果,觉得北大的学子就应该高人一头。

实际上,老百姓常说"三百六十行,行行出状元","工作只是分工不同,无所谓高低贵贱",只要做自己喜欢的事,就一样能做出成绩。很多人在热议的背后,说不定是拍手称快呢!

得体的装扮让你更添风采

一个人的气质由几部分组成:知识、修养、行为、态度、穿着等,虽然,气质是由内而外散发出来的,但是,作为气质一部分的穿着也发挥着增光添色的作用。

比如,穿着合适自己的服装,可以隐藏身材的某些不足;高品位的衣服还能让人看起来更精神,正所谓"人靠衣装":合适颜色的衣服可以衬托得皮肤更加水润健康,等等。

也就是说,会穿、穿得对,是可以提升自己的气质的;反之,则会破坏

原本的气质。比如,有的女士穿裙子时穿半截袜,无论衣服多么昂贵,仅此一点就将整体完全破坏;有的男士穿着正装,则脚踏一双休闲鞋,不搭调的搭配破坏了整体气质。

美国著名的小说家、幽默讽刺作家马克·吐温,有一次对"人要衣装"发表看法,他说:"服装造人,请看历来功成名就的大人物,有哪一个是裸体族呢?"

显然,马克·吐温是在开玩笑,但"服装造人"这话却是有道理的。一个仪表堂堂、举止谈吐文雅而有修养的人,再加上一身楚楚衣冠,必然就是那种我们所追求的"气质美"一族了。

当然,对十几岁的青少年而言,青春、朝气是最美的气质。因此,必须穿着和自己这种气质相配的衣服,如运动装、休闲装等,如果穿着正装,则会让人觉得很不搭调。因此,穿出气质的第一条原则是:适合自己。

很多人容易陷入一个误区,那就是把漂亮和自己的气质完全割离开来,因此,在他们看来,漂亮就是好看,就是大家公认的好看,于是趋之若鹜。

结果,常常发生别人穿着很好看、自己穿着没效果的事情。所以,漂亮是一个整体效果,是气质和衣服结合的效果,真正的漂亮必须是结合自己气质的结果。

有人把穿衣的要求简化为TPO原则,即在一定的时间(TIME)、一定的地点(PLACE)、一定的场合(OCCASION)穿合适的衣服。这样的原则值得我们遵循,只有在此基础上,我们才有可能根据自己的体态、个性穿出具有鲜明个性特征的衣服来。穿衣的"气质"来自个性化、风格化,而个性化也即意味着完全适合于自己。

除了上面的第一条原则,北大一位学者还对青少年的穿着给出了另外几条原则。

第二条原则:掌握一些基本的着装常识。

再好的衣服,如果不懂得合理搭配也一样穿不出效果来。因此,服装如何搭配是很有学问的。有几点需要注意:

款式搭配。

简言之，就是服装的款式要一样或者类似，比如，衬衣是英伦风格的，那外套就别选日韩风格的；上衣是毛衣，裤子就避免笔挺的西裤之类的。有的人着装很奇怪，穿着西服，脚上却是旅游鞋；一身休闲打扮，脚上却是正装皮鞋；一身连衣裙，脚上却是旅游鞋……这样的搭配不仅没有美感，甚至让人感到了别扭。之所以要注意款式的搭配，就是因为搭配得好，能够起到相互衬托、相得益彰的效果，否则混乱的搭配就会破坏整体美。

颜色搭配。

不同的色彩有着不同的象征意义，例如：

暖色调——红色，象征热烈、活泼、兴奋、富有激情；黄色象征明快、鼓舞、希望、富有朝气；橙色象征开朗、欣喜、活跃。

冷色调——黑色象征沉稳、庄重、冷漠、富有神秘感；蓝色象征深远、沉静、安详、清爽、自信而幽远。

中间色——黄绿色象征安详、活泼、幼嫩；红紫色象征明艳、夺目。紫色象征华丽、高贵。

过渡色——粉色象征活泼、年轻、明丽而姣美；白色象征朴素、高雅、明亮、纯洁；淡绿色象征生命、鲜嫩、愉快和青春等。

服装的色彩搭配以"整体协调"为基本准则。全身着装颜色搭配最好不超过三种颜色，而且以一种颜色为主色调，颜色太多则显得乱而无序，不协调。灰、黑、白三种颜色在服装配色中占有重要位置，几乎可以和任何颜色相配并且都很合适。

对青少年来说，和他们气质协调的颜色自然是一些明亮、鲜艳的颜色，因此任何鲜艳的颜色穿在身上，配上他们青春活泼的气质，都让人眼前一亮。所以，青少年避免穿着和自身气质不协调的黑、灰、咖啡等颜色的衣服。当然，在一些特殊的场合，如葬礼等就需要特殊的着装了。

和肤色、身形的搭配。每个人的肤色深浅是不一样的，如果不注意这一点，就很可能让自己的不足暴露得很明显。比如，一个肤色很黑的人穿着鲜艳的黄色衬衫，那会让人感觉很别扭。所以，着装配色要遵守的一条

重要原则,就是根据个人的肤色、年龄、体形选择颜色。如肤色黑,不宜着颜色过深或过浅的服装,而应选用与肤色对比不明显的粉红色、蓝绿色,最忌用色泽明亮的黄橙色或色调极暗的褐色、黑紫等;皮肤发黄的人,不宜选用半黄色、土黄色、灰色的服装,否则会显得精神不振和无精打采;脸色苍白不宜着绿色服装,否则会使脸色更显病态;肤色红润、粉白,穿绿色服装效果会很好。白色衣服任何肤色效果都不错,因为白色的反光会使人显得神采奕奕。体形瘦小的人适合穿色彩明亮度高的浅色服装,这样显得丰满;而体形肥胖的人用明亮度低的深颜色则显得苗条等。

大多数人体形、肤色属中间混合型,所以颜色搭配没有绝对性的原则,重要的是在着装实践中找到最适合自己的搭配颜色。

第三条原则:别为了时髦而赶时髦。

十几岁的青少年对这个世界是充满着好奇心的,探索欲也很强,同时,他们的世界观、价值观、人生观正在形成的过程之中,因此对任何新鲜的事物都有接受的勇气,对流行更是如此。

赶时髦,很重要的一点体现在着装上。走在大街上,你会看到各种奇装异服,有的甚至奇怪到让你瞠目结舌的地步,因为这是个张扬个性的年

代。张扬个性并不是鼓励人们去追求另类,只是让原本的个性释放出来就行了。但是,很多青少年加入了追求另类的行列之中,把另类当作个性,结果反而迷失了自己的个性。

北大对青少年着装的建议是:青少年着装不要一味地效仿他人,盲目追时髦,而要顺乎自然,不应过分雕琢。青年人的着装应该纯美自然,表现出青春的朝气和活力。随着我国经

济、文化和对外开放,有些青年在穿着打扮上追求以洋为美。个别女青年学着外国妇女的袒胸露背、画眉涂唇,把少女纯真妩媚的特征泯灭殆尽。有的男青年,本身健美英俊,可在着装上喜欢仿效西方的"嬉皮士",乱糟糟的头发披在肩上,服式怪诞、颜色多样,显得萎靡不振。这种不伦不类的打扮,毫无美感可言。这就告诉我们,服饰美是建立在民族生活的土壤之上的。青年人的着装只有顺乎自然、简洁大方,才能突出纯洁明朗、积极向上的精神风貌。

服装是人类心灵的一面镜子,每个人的穿着打扮,都展示着自己的审美力,表现着自己独特的内心世界和个性特征。美国一位研究服装史的学者曾指出:"一个人在穿衣服和装扮自己时,就是在填一张调查表,写上了自己的性别、年龄、民族、宗教信仰、职业、社会地位、经济条件、婚姻状况等。"服装已经成了一个人的性格、身份的形象化写照,因此,穿着打扮一定要慎重,要为自身的气质加分,而不是减分。

知性,是一门过硬的内功

知性,是成熟、理性、睿智、大气。如形容女性知性,她们通常都在事业上有很好的发展,但又不同于世俗意义的女强人,她们充满知性的柔和魅力,感情丰富,清楚自己需要什么;工作上中性,但感情上又极具女人味。她们不同于小女孩似的单纯,也不同于小女人式的狭隘。

由博客网举办的首届美女博客大赛结果揭晓,来自北大光华学院的伊澜摘得"第一美女博客"的桂冠。伊澜确实可称作"知性美女"。她是北京一家合资企业的人力资源总监,目前在读北京大学光华学院EMBA,爱好写作、书法、水墨画,年底将出版处女作小说《断线》,还有过平面模特的从业经验。"拿这个奖我很高兴,但我想我的生活不会因此有所改变。"伊澜在获奖后称会把2万元奖金捐给残疾女孩叶青,叶青是博客特别奖的获得者。以歌手金

【专家感言】
一说到知性,人们总会条件反射般地想到很有知识、内涵和品位的某位女性。知性,通俗地讲就是,有文化、有内涵、有修养。康德认为知性是介于感性和理性之间的一种认知能力。

海心等人组成的评委团对伊澜博客的评价是"自然,文字不加任何修饰,突出的是个人亲和力,尤其突出了和网友之间的交流和互动。"

不仅是获奖的伊澜,很多北大的学子都体现了知性的一面,他们很有抱负、诗意、浪漫、多才多艺、爱好广泛、心怀天下……这和北大独特的人文环境和办学宗旨是分不开的。

谢冕老师这样说:"燕园的美丽是大家都这么说的,湖光塔影和青春的憧憬联系在一起,越发充满了诗意的情趣。每个北大学生都会有和这个校园相联系的梦和记忆。尽管它因人而异,而且也并非一味地幸福欢愉,会有辛酸烦苦,也会有无可补偿的遗憾和愧疚。燕园其实不大,未名不过一勺水。水边一塔,并不可登;水中一岛,绕岛仅可百余步;另有楼台百十座,仅此而已。但这小小校园却让所有在这里住过的人终生梦绕魂牵。"

林语堂曾在《谈理想的教育》一文中认为,理想的大学最重要基件是贯满一种讲学谈学的风气,而讲学空气之由来最重要即在于学堂外观,学堂的房屋树木场所周围必有一种森严古朴的气象,使人一跨进大门如置身另一天地,忘记他们一切的俗虑俗见,好像在此周围内唯一要紧的事情是学问的思想。想必燕南园颇合他的口味,而北大也正是这样的理想之所在。

北大为学子们提供了孕育生长的良好环境,但能不能长成知性之人,还要看自己的努力。当然,并不是每一个人都能有幸在北大聆听教诲,但是,北大为很多的莘莘学子指明了道路,从北大学子们身上,我们就能发现他们具备很多知性的特点,这也是值得每个人学习的地方。例如:

知识渊博。北大是全国最大的综合型大学,汇聚了很多著名学者,每天都有很多的讲座,学生们只要时间允许,就可以聆听很多大师的著述,这无疑对他们是一个很好的熏陶。对每个人而言,积累知识是首先要做的。在自己专业知识的基础之上,尽可能地多涉猎一些知识,即使和自己的主业不相关也没关系,每一门知识打开的都是一个未知的世界,只要有所涉猎,即使没有敲开大门,但也已经感受到知识地吸引了。而且,知识不仅能改变一个人的命运,还能够陶冶一个人的情操,改变一个人看待世界的角度,这无疑是最大的收益。

兴趣广泛。北大有很多的社团,很多学生都同时参加几个不同的社团,从这些经历中他们得到了很好的锻炼和学习,吸收了不同的知识。对每一个人而言,一定要有自己的兴趣,否则生活是乏味单调的。众所周知,一个人做自己感兴趣的事情总是能够做得更好的,而且能够从中得到更多的乐趣。但兴趣不是固定不变的,是可以逐渐培养的,多培养一个兴趣,就多获得了一个学习、快乐的途径,也就多了一个认知世界的窗口。多培养一些琴棋书画方面的兴趣,这对提升一个人的气质和修养是非常有帮助的。

性格修养。每个人的性格都是不一样的,有的甚至差别很大,但是,要想成为一个知性的人,就必须收敛自己的性格,弥补和改变性格中的缺陷,创新自我,既保持自己的个性,同时又能够让更多的人接受。修养就是对自己秉性的修炼,尽可能地健全完善性格,使其柔中有刚、细中带粗、不失大气、不拘小节、不失婉约、不失柔美,不让自己的性格走极端,在张弛有度中使性格达到完美的平衡,在体现理性的同时又不失感性。

陶冶和净化。学习是可以陶冶人的性情的,还有一种陶冶是对美的发现和对周围事物的感悟。知性的人很懂得生活,并不是说他们比别人会生活,而是说他们很懂得观察和体会生活,能够从生活的细节中发现美好的东西,然后在感动之余感悟,并内化为自己的一种行为方式和价值认知。净化是去除心中很多不良情感和想法,将其发泄出来,这样再用新的、良性的情感来充实内心,然后这样不断地吐故纳新,就能够让生命保持旺盛的活力。此外,这样的陶冶是由内而外的,并不是简单地改变自己说话的方式、举手投足等,而是对内心的一种改造,当这种改造完成后,外化的行为方式自然就是内心的一种最美展现了。

丰富自己的内心世界。有人把胸怀比作海洋,形容其博大,实际上,人的内心就是一片无边无际的天地,可以容纳下任何东西。但是,这并不是说任何的委屈、不满都要装在心里,而是说要把这些委屈和不满融化在心里,变成另一种积极的力量来改变。内心世界的广大也意味着可以发现很

【专家感言】

优秀并不是与生俱来的，而是要通过很多努力，经过很多挫折以及孤独地承受才换来的。当一个人不断努力，不断从挫折中奋起，不断懂得承受之后，他的气质也会因为这些而得到提升和改变。

多的未知，比如，理想、梦想、潜力、追求、信念，等等，只要善于挖掘和丰富，内心世界会是一座取之不尽用之不竭的宝藏，能够为人们提供源源不断的动力。一个人的内心世界是丰富还是贫乏，直接决定了人生的质量。

心态和情怀。有一个健康的心态，才会正确处理事情，正确面对感情。健康的心态，让人可以不以物喜，不以己悲，少了浮躁，健康向上，热爱生活。有了健康的心态，就会多了健康的情怀，健康而年轻的情怀，才会令人年轻而美丽。

第五课　自养,让青春多一份厚重

自养就意味着放弃依附,靠自己的力量来生存,没有足够的勇气和意志是做不到的。

真心真意爱自己

穿行在北大校园里的学子们,无论来自何方,来自怎样的家庭,他们都有一个共同点,那就是承认自己的能力或者自己的优秀。

这也不难理解,能够在众多的竞争者中跻身中国最好的大学,没有能力是做不到的。而一旦成功进入其中,也就等于承认了自己的优秀。这使得北大的学子们都很自信。

或许在某些方面他们也难免不优秀,甚至很自卑,但毕竟人无完人,能够做到某方面的优秀就已经很了不起了。

他们不但会欣赏自己的优秀,还会积极挖掘自身的潜力,充分发掘自身未被开发的能力,并将这种能力展现出来,增加自己的知识储备,拓展人际网络,全身心地投入到为未来的准备之中去。

所以,身在北大的人是幸福的,因为他们懂得爱自己。爱自己的最好

【专家感言】

北大作为中国的最高学府,也为学子们开发自身的能力提供了各种平台和机会。

表现就是充分展现自己,让自己得到最大程度的开发和提高。

北大被公认为中国最高学府,同时也是中国综合实力第一的大学,理科、文科、社会科学、新型工科和医科都是它的强项。按照国家重点学科,北大的理科、文科、医科实力均为全国第一。作为中国高等教育的奠基者,北大诞生了中国高校中最早的数学、物理、化学、地质、计算机、微电子、核物理、心理、农学、医学、中文、历史、哲学、考古、外语、政治、经济、商学、新闻等学科。

北大有国家重点学科81个、国家实验室1个、国家重点实验室16个、教育部重点实验室18个、卫计委重点实验室12个、国家人才培养基地20个、国家级示范性软件学院1个(排名全国第一),附属和教学医院19个。北京大学图书馆为亚洲最大的大学图书馆,现藏书1046万册,电子图书及期刊逾7亿册。以上指标北大均居全国高校第一。

北大拥有近300家学生社团。每年新生入学时,许多社团在三角地招新,号称"百团大战"。

北大的学生往往都是综合性人才,他们既有专长也有特长,这样的才能更多是后天培养的,而不是天生的。因为他们爱自己,不舍得让自己的才华白白埋没了,不愿意默默地承受机会的失去,所以他们一定会让自己去尝试、去争取。

对每个人来说,爱别人之前首先要爱自己,一个懂得爱自己的人才知道如何去爱别人。对十几岁的孩子来说,他们正处在含苞待放的阶段,盛开的世界即将到来。这时候,真心地呵护是必须要做的,否则就可能错过鲜花的盛开。

但是,让人心痛的是,各种极端事件的不断出现,使很多即将盛开的花苞都提前夭折了,给家人、朋友留下了无尽的伤痛。所以,爱自己是让自己得到更大、更长久发展的前提。

如果说爱护自己是容易做到的,是容易被人认识到的话,那么另一种形式的爱自己则常常被人们所忽略。

小丁今年上高二,学习压力很重,几乎压得自己抬不起头来,每天都像个陀螺似的在家和学校之间不停地转。他根本不敢想以后,不敢想即将到来的更加残酷的高三生活,他觉得那简直是世界末日。现在高二已经这样了,到了高三他不知道自己还能不能扛得住。

于是,他把所有的时间都花在了学习上,即使休息的时间也被他划分成很多小块,每一小块都充分利用。

那些以前热衷的兴趣爱好统统被收起来了,每每看到闲置在角落里的篮球,也不过是一声叹息罢了。

这是很多十几岁孩子身上正在发生的事情,学习是他们的天职,却也被当成了唯一的任务,所有的一切都为学习让路。

很多事实证明,一味学习并不见得是好事,很多高分低能者连最基本的生活常识都没有,何谈事业的发展?

而且,一个人如果没有了兴趣爱好,做事情也不会有效率,甚至不会成功,因为任何事情在他看来都不过是需要完成的任务,那会是多么痛苦的一件事情啊!

相反,有的孩子过分注重自己的兴趣爱好,以致荒废了学业,失去了接受高等教育的机会,也是不可取的。

所以,爱自己就要顺从自己,而不是放纵自己。顺从自己是培养或者坚持自己的兴趣爱好,甚至挖掘自身的潜力,多尝试,充分利用自身的能力,这样才能够让自己得到全面的发展和提高;而放纵自己则是由着性子来,完全是一种放任自流,只会去做自己感兴趣的。

而放弃努力尝试,或者见困难就逃,这等于是放弃激发自己能力的机会,放弃让自己获得成长和提高的机会,不但不是爱自己,相反是害自己。

对十几岁的孩子来说,他们具备一定的自控力和辨别力,有是非观念和做事标准,家长可以放手让他们去多做一些事情,作为锻炼和体验也未尝不可。否则,等孩子上了大学,就变成了只会读书的书呆子,失去了参加

很多活动的机会，无形中会让自己的弱点更突出。

而学习只是大学生的主业之一，其他方面的综合素质才是将来立足社会的重要保证。

所以，爱自己就是要相信自己能够做好，相信自己能够做得更多，只有这样的自信，才能够让自己不错过加强和提升自己的机会，这才是真正的爱自己。

和自己的心灵签订契约

一个人是不是自信，并不是他表现得多么强势，或者志得意满、胜券在握，而是他是不是遵从了自己内心最真实的想法。

比如，你明明喜欢对方，但就是不敢说，于是东拉西扯地说了一堆诸如天气、鞋子之类的话题，可最后还是没有达到目的。这个时候，你是心虚的，因为你真正想说的没说。

相反，如果你直接告诉对方，你喜欢他(她)，尽管面临被拒绝的风险，但是你的心里是踏实的，这就是一种自信。因为，喜欢是你的真实情感，在表达自己真实情感的时候，你是理直气壮的。

多年前，有一位穷苦的牧羊人领着两个年幼的儿子给别人放羊来维持生活。一天，他们赶着羊来到一个山坡，这时，一群大雁鸣叫着从他们头顶飞过，并很快消失在远处。牧羊人的小儿子问他："爸爸，爸爸，大雁要往哪里飞？""它们要去一个温暖的地方，在那里安家，度过寒冷的冬天。"牧羊人说。

他的大儿子眨着眼睛羡慕地说："要是我们也能像大雁那样飞起来就好了，那我就要飞得比大雁还要高，去天堂，看妈妈是不是在那里。"小儿子也对父亲说："做个会飞的大雁多好啊，那样就不用放羊了，可以飞到自己想去的地方。"

> **【专家感言】**
>
> 很多时候，当人们难以作出抉择的时候，遵从内心最真实的想法往往是遗憾最小的。因为自己就是这样想的，这种真实的想法会驱使自己的认识和情感向其倾斜，最终将其变成现实。

　　牧羊人沉默了一下，然后对两个儿子说："只要你们想，你们也能飞起来。"两个儿子试了试，并没有飞起来。他们用怀疑的眼神瞅着父亲。牧羊人说，让我飞给你看，于是他飞了两下，也没飞起来。牧羊人肯定地说："我是因为年纪大了才飞不起来，你们还小，只要不断地努力，就一定能飞起来，去想去的地方。"儿子们牢牢地记住了父亲的话，并一直不断地努力，等到他们长大以后果然飞起来了，他们发明了飞机，他们就是美国的莱特兄弟。

　　莱特兄弟发明飞机的过程自然充满了艰辛，从1896年开始，他们就一直热心于飞行研究。

　　通过多次研究和实验，在基蒂霍克沙丘上空对载人滑翔机进行了几度寒暑的试验之后，他们的梦想终于变成了现实。

　　如果一个人能够坚持自己内心的真实想法，并努力去实现它，不管为此付出怎样的代价，他最终都会让生命呈现出不一样的精彩。

　　因为他们有这个勇气，敢于去尝试；因为他们有这个自信，相信自己

一定能做到。

　　做自己想做的事并不是一件容易的事情,在很多客观、主观因素的限制和干扰下,人们总会向现实做出某种妥协,这就导致他们无法真正实现自己的想法。

　　但是,让一个人做自己不愿意做的事情,很显然是不道德的,也是做不好的。所以说,当一个人被外界的诱惑迷惑得失去心智和判断力的时候,最好的选择就是和自己的心灵签订契约,尊重内心最初、最真实的想法,忠诚于自己的想法,做自己最想做的事,就必然会产生一种自信和由此带来的精彩。

第六课　北京大学名人榜——胡适

胡适(1891-1962),祖籍安徽省徽州,生于上海大东门外。他原名洪骍、嗣糜,因读严复翻译的《天演论》而改名适,字适之。

　　1910年,胡适考取官费留美学生资格,进入康奈尔大学读书。初学农学,后转入文学院,1915年又到哥伦比亚大学研究院哲学系师从著名哲学家杜威攻读博士学位。

　　1917年回国后,胡适在《新青年》杂志上发表《文学改良刍议》一文,主张用白话文取代文言文,掀起了轰轰烈烈的白话文运动。他提出了一系列崭新的文学观念, 这一运动不仅推动了中国文化向现代阶段的发展,而且对促进民族意识的觉醒、促进民族思维方式的转变起了极为重要的作用。

　　五四运动爆发后,知识界出现了研究评价中国文化的新思潮,胡适在评估中华文明的同时也进行着"整理国故"的工作,既有对中国文化史的研究,也有大量对文献的考证、训诂、校勘等工作,并提出了后来广为流传的治学方法"十字真言":"大胆的假设,小心地求证。"

　　1917年暑假后,北京大学校长蔡元培请胡适到北京大学做教授。蔡

元培虽然提出了"兼容并包"的办学方针,但实际上北京大学的学术气氛仍然笼罩在保守势力下。好多人对于从国外留学回来,特别是对于倡导白话文运动的胡适抱着极大的怀疑态度,甚至是瞧不起的。讲授中国古代文学史和文字学、音韵学等课程的刘师培、黄侃等人,在教员中、学校内造成一种气氛,总是对新派的学人和学说极尽非议和轻蔑之能事。

胡适的白话诗中有"黄蝴蝶,双双飞上天"的句子,黄侃等人就把胡适称为"黄蝴蝶"。那时桐城派古文已经衰微,代之而起的是章太炎一派的魏晋文。黄侃自命为风流人物,玩世不恭,北京大学有许多真真假假的关于他的逸闻轶事。比如说,他在北京住在吴承仕的一所房子中,他俩本来都是章太炎的学生,是很好的朋友,后来不知怎么闹翻了。

吴承仕叫他搬家,他在搬家的时候,爬到房梁上写了一行大字:"天下第一凶宅"。又传说,他在堂上讲课,讲到一个要紧的地方,就说这里有个秘密,靠北京大学这几百块钱的薪水,我还不能讲,你们要我讲,得另外请我吃饭。还传说,黄侃有个学生,在同和居请客,他听见黄侃在隔壁一个房间说话就赶紧过去问好,不料黄侃对他批评起来。这个学生请的客人已经到齐了,黄侃还不让他走。这个学生心生一计,就把饭馆的人叫来交代说,今天黄先生在这里请客,无论花多少钱都记在我的账上。黄侃一听,就对那个学生说,好了,你走吧。

胡适面对这样的保守势力毫不示弱,他讲授的中国哲学史课吸引了大量的具有深厚旧学根底的学生去选听,形成了能够与旧派人物抗衡的气势。起初学生傅斯年和胡适的关系是有点对立的。傅斯年原是北京大学国文部的学生,他在文史哲方面具有深厚根底,本来是黄侃的得意门生。他才华横溢,知识渊博,对于留美归来的胡适居然讲授中国哲学史课,是以轻蔑的态度来看待的。但是,和他同住的顾颉刚听了胡适讲的哲学史大纲课后,感到非常满意,就拉傅斯年也去听课。傅斯年也同样感到非常满意,后来渐渐服膺胡适等新派人物的主张。

在这之前,陈独秀、胡适早已知道傅斯年是黄侃的得意门生。有一次国文部的学生上书陈独秀要驱走一位教师,这篇文章写得很好。学生说是傅斯年所写，陈独秀则认为一定是另有教授在背后支使。他把傅斯年叫来，当面命题，令其应度。傅斯年把文章写成后，很得陈独秀、胡适的赏识。

当傅斯年从黄门转到陈独秀、胡适的门下时，他们经过缜密的观察，才深信他的这

【胡适名言】

1. 生命本没有意义，你要能给它什么意义，他就有什么意义。与其终日冥想人生有何意义，不如试用此生做点有意义的事。

2. 把自己铸造成器，方才可以希望有益于社会。真实的为我，便是最有益的为人。把自己铸造成了自由独立的人格，你自然会不知足，不满意现状，敢说老实话。

一转变确乎是出于思想的转变。傅斯年、罗家伦就成为学生中新派的代表人物，由他们主编的《新潮》杂志得到了鲁迅、周作人等人的支持，与陈独秀主编的《新青年》成为"五四"时期传播新思潮最风行的刊物。胡适、傅斯年两人逐渐突破了师生关系，而成为交谊至深的师友关系。20世纪30年代初期，胡适、傅斯年、翁文灏、丁文江、蒋廷黻等人共同主办《独立评论》杂志，所需费用全由他们个人出资支付，刊物随时发表他们的学术观点和政治观点。

在清华大学上学期间，季羡林就认识了胡适，听过他做的演讲。那是在1932年10月3日，胡适讲的题目是《文化冲突的问题》。胡适说中国文明是唯物的，不能胜过物质环境。西洋文明是精神的，能够胜过物质环境。普通所谓西洋物质，东洋精神是错的。西洋文明侵入中国，有的被接受了，有的不被接受，是部分的冲突。

中国虽然享受西洋文明，但是总觉得自己背后的精神文明可以自傲，老是觉着自己足够好，其实并不是这样。这次讲演胡适的态度、声音都是很好的，但季羡林觉得他为时间所限，帽子太大，匆匆收场，没有深入进去。对胡适的感觉是觉得他浅，无论读他的文字还是听他的演说都是这样。但是他也承认胡适的眼光远大，常常能站在时代的前面。《新月》杂志上载有胡适的《四十自述·我怎样到外国去》，季羡林读了以后，才知道他做学生的时候，家境也是很拮据的。

抗日战争爆发后，胡适做了驻美大使。他在美国的一些外交活动，国

民党政府许多上层人物是不满的。后来蒋介石便派宋子文去美国做特使，致使大使的职权被剥夺了大半。

抗日战争胜利后，宋子文任行政院长，把原任北京大学校长的蒋梦麟也拉进了行政院。教育部公布胡适担任北京大学校长。胡适虽早已卸任驻美大使，但仍留居美国纽约，在华美协进社作学术研究。教育部在公布胡适担任北京大学校长的同时，也公布傅斯年担任代校长。傅斯年代理校长时，向人们表示只做代理校长，等到胡适回国之日，就顺利地把校长职务交予胡先生。

蒋梦麟于1930年12月来北大走马上任，除校长一职外还兼任文学院长。因为实在忙不过来，蒋梦麟几次恳请胡适出任文学院院长，胡适再三推却不了，最后只得答应，遂从这时起担任北大文学院院长兼中国文学系主任。胡适还是中华文化教育基金会的董事，他利用这层关系极力为北大化缘拉赞助，由中基会与北大每年各出20万元作为合作特别款项，专门设立研究讲座、聘请专任教授及购置图书仪器之用。不过，因为他主持中华教育文化基金会下属"编译委员会"的工作，所以向蒋梦麟校长声明他不在北大领取薪俸。

除了胡适任文学院院长，北大还聘请周炳琳任法学院院长，刘树杞任理学院院长，这样就组成了一校之长下面新的"三驾马车"。蒋梦麟和胡适他们以"中兴北大"为己任，将原来的文、理、法三科升级为"院"，将原先的校评议会改设为校务委员会，并提出了十六个字的办学方针：教授治学，学生求学，职员治事，校长治校。

名校有赖于名师，一个学校办得好不好在很大程度上要看其师资力量是否雄厚。胡适、周炳琳、刘树杞，加上出自北大、关心北大的傅斯年，分别利用各自的关系和影响为北大聘请了许多出类拔萃、国内一流的专家学者。首批入选的"研究教授"人数就达15名，他们是：丁文江、李四光、王守竞、汪敬熙、曾昭抡、冯祖荀、许骧(以上为理学院，院长刘树杞也为"研究教授")；周作人、汤用彤、陈受颐、刘复、徐志摩(以上为文学院)；刘志扬、赵乃搏(以上为法学院)。

　　"研究教授"职位是胡适创立的,待遇比一般教授高出四分之一,授课时数亦比一般教授少。出于中兴北大的需要,同时也出于对徐志摩的同情与帮助,他聘请徐志摩到北京大学任研究教授。徐志摩是诗人,但不是学者,教书也只是玩票,所以接到胡适的聘请后不免"自视阙然,觉得愧不敢当"。胡适虽然也觉得"志摩之与选,也颇勉强。但平心论之,文学一门中,志摩当然可与此选。"这样,徐志摩就名列在了北大与中基会合作研究特款顾问委员会第一次聘请的15位研究教授之中,时间为1931年8月5日。

　　徐志摩到北平后,就住在胡适家里。那是坐落于米粮库胡同四号的一所小洋楼,进门有一个称为"百松园"的长方形的小院子,顾名思义有许多松树。胡适将楼上一大间向阳的房子让给徐志摩住,徐志摩在这里备课,写诗,写信,每天下午由罗尔纲陪着到北海公园散散步,权当休息。胡适的夫人江冬秀酷爱方城之戏,胡家晚上常有人来打麻将,但徐志摩从不参与。

　　亚东图书馆标点重印《醒世姻缘》,请胡适作序,但胡适因为没有考证出作者"西周生"究竟是谁,所以拖了六七年序言一直未写。胡适有意与徐志摩合作,由徐志摩对这部小说做文学的批评,由他做历史的考据,所以便利用徐志摩住在他家里的机会,把这位作诗的诗人在小楼上"关"了四天,"逼"徐志摩写了一篇《醒世姻缘》的长序,足有九千字,是徐志摩生平最长、最谨严的议论文字。

　　胡适这时担任北大文学院院长。钱穆虽无大学学历却有大学问,虽仅为燕京大学讲师,却有惊世文章令学界瞩目。胡适本人是"海归"教授,拥有的博士头衔多达三十余个,但他重学历而不唯学历,根据"不拘一格用人才"的原则,聘任钱穆为北京大学副教授。钱穆被燕大解聘之后,意外地得到了北大的聘书,而且由讲师升为副教授,自然喜出望外,对胡适满怀感激之心。

　　胡适继承蔡元培开创的"思想自由""兼容并包"传统，努力在北大营造学术上切磋辩论的氛围，教授们各抒己见，学生们各取所需。这既给了教授们压力，也给了教授们动力。钱穆在北大讲授《中国上古史》《秦汉史》《中国近三百年学术史》，他感觉到"在北大上课，几于登辩论场"。钱穆还开了一门《中国政治制度史》的选修课。法学院院长周炳琳让政治系的全体学生都选修这门课，影响之大可想而知。

　　胡适早就主张北大应注重于提高，向研究院方向发展。后来又进一步主张"为国家打长久算盘，注重国家的基本需要，不必亟亟图谋适应眼前的需要"。在他看来，"我们所应提倡的，似仍在社会不注意的纯粹理论科学及领袖人才的方面。中央研究院、北大、中基会一类的机关此时还应该继续注重为国家培养基本需要的人才，不必赶在人前面去求眼前的'实用'。无用之用，知之者希。若吾辈不图，国家将来必蒙其祸。"

　　在成为学校的一名主要决策者以后，他的这个设想逐步得以实行，"北大以研究高深学术，养成专门人才，陶融健全品格为职志"，成了北大中兴的指导思想与重要目的之一。

　　关于北大研究院的设想，最早脱胎于当年胡适等人拟定的《北京大学大学院规程草案》，但限于条件一直未能实现。1932年北大正式成立了研究院，院长由校长兼任。研究院下设文史、自然科学、社会科学三个部，后改为文科、理科、法科三个研究所，分别由文、理、法三个学院的院长兼任主任。研究院的成立与逐步扩大，为本科毕业的学生继续深造、开展学术研究提供了平台，许多青年学子经过进一步深造成长为各方面的专家。

　　胡适本人除担任文学院院长以外，还先后在文学院六个学系中兼任过五个学系的主任，即哲学系主任、外国文学系主任、英国文学系主任、中国文学系主任、教育系主任。文科研究所主任一职自然也非胡适莫属。出版、财务、图书馆乃至学生事务等委员会的委员名单中更少不了他这位名人名教授名学者。他每天处理校务十分繁忙，除春节外很少回家用晚餐，多是在外面应酬。晚十一点归家并不休息，还要钻进书房工作到凌晨两点。胡适自己说："只有夜深人静伏案治学之时，始感觉人生最愉快的境界。"尽管校务工作繁忙,但胡适仍坚持在教学第一线教书育人。

20世纪30年代前一半时间,即从1931年至1936年,在北大历史上是一个"中兴"的时期。胡适在回忆这一时期时动情地说:"我们在那个时候,都感觉一种新的兴奋,都打定主意,不顾一切,要努力把这个学校办好,努力给北大打下一个坚实可靠的基础。所以北大在那最初六年的国难之中,工作最勤,从没有间断。现在的地质馆,图书馆,女生宿舍都是那个时期里建筑的。现在北大的许多白发教授,都是那个时期埋头苦干的少壮教授。"

胡适为北大的中兴立下了汗马功劳,被公认为是中兴北大的有功之人。

北京大学小百科

1917年,著名教育家蔡元培出任北京大学校长,他"循思想自由原则,取兼容并包主义",对北京大学进行了卓有成效的改革,促进了思想解放和学术繁荣。陈独秀、李大钊、毛泽东以及鲁迅、胡适等一批杰出人才都曾在北京大学任职或任教。

1937年卢沟桥事变后,北京大学与清华大学、南开大学南迁长沙,共同组成长沙临时大学。不久,临时大学又迁到昆明,改称国立西南联合大学。抗日战争胜利后,北京大学于1946年10月在北平复学。中华人民共和国成立后,全国高校于1952年进行院系调整,北京大学成为一所以文理基础教学和研究为主的综合性大学,为国家培养了大批人才。

据不完全统计,北京大学的校友和教师有四百多位两院院士,中国人文社科界相当多有影响的人士也出自北京大学。

第四章　做"象牙塔"的追梦人

　　百余年来,北京大学校园中人才荟萃,英才辈出,为民族复兴、国家强盛做出了奠基性和开拓性的贡献。

第一课　考研到北大

如果你本科时没有在美丽的燕园度过,而你经过自己的拼搏努力,终于在考研时考入北大。虽然有点迟,但你还是幸运的。

考研到北大的理由:

理由1:本科之憾。也许你高中阶段一直把北大作为理想"象牙塔"的终极目标,但黑色的"六月""七月"已经让你不得不进了一所暂时委身的学校。于是你在本科阶段最大的目标就是再次冲击北大,考研无疑是你再次选择的最好机会了。

理由2:专业权威。或许你已经是清华、复旦这样名校的学生,或许你本来对北大并不"感冒",但你想继续深造的专业,北大这里是最为权威的"圣地",你为了"学艺精深",而不得不来到"燕园论剑"。

理由3:环境优雅。或许你的成绩优秀,本来可以轻松地保送本校的研究生,但你想到那令人神往的"未名湖""博雅塔",你便说服了自己,要让自己的青春留几年,放在北大校园里作纪念。这样的优雅环境,足够为你日后回忆时,留下一个漂亮的背景。

理由4:人文气息。或许你是文科的忠实拥戴者,却不幸在本科时被录

取到一所理工科院校里，四年的文理综合熏陶，让你更加向往北大浓厚的人文气息，于是，没得说，你把目标锁定在北大了。

理由5：名师荟萃。大学总是要有大师相匹配的，如果你遗憾自己本科四年没有好好地聆听到大师们的教诲，那么到研究生阶段选择到北大继续"恶补"大师们的"功课"，也值得你为北大一拼。况且，北大还有着众多大师们开办的讲座，以及北大还吸引着世界范围的大师们不时造访，让你始终站在大师的肩膀上感受前沿地带。

北京大学小百科　　为支持优秀高中毕业生顺利进入北京大学完成本科学业，鼓励学生勤奋学习，促进学生德、智、体、美全面发展，培养和造就合格的社会主义事业建设者和接班人，根据《北京大学学生奖学金评审条例》的有关规定，北京大学从2008年开始特制定新的优秀新生奖励办法，为优秀新生颁发新生奖学金。新的新生奖学金分以下三类：

（一）新生全额奖学金：总金额50000元每生；

（二）新生半额奖学金：总金额25000元每生；

（三）新生优秀奖学金：总金额10000元每生。

第二课　名家说北大

"上承大学正统,下立新学祖庭",这是对北大地位的精确评价。

"我看到校园是整洁干净的,即使施工场地周边也是如此;我看到学生是文明礼让的,典型场景是在自动取款机取款排队时,队伍前头的人自觉与正在取款的人保持一米以上的距离;我看到校园生活是丰富多彩的,校园里活跃着上百个社团,这些学子的眼睛里分明写着'责任'二字;我看到校园的建筑古朴典雅、恢宏大气;更让我羡慕和惊奇的是,北大北部居然有一大片'荒郊野外',那完全是都市里的山林!它与未名湖西南部现代化的建筑和气息截然不同;而在校园随时随处可见的,是或高大挺拔、或柔美秀丽的树木,比如'公主楼'前的银杏树,俄文楼前的元宝枫,临湖轩前的白皮松,未名湖东南角上的高柳,六个院的爬山虎,五四运动场旁的金合欢……"

北京大学,创立于1898年,初名京师大学堂,是我国设立的第一所大学,为中国近代正式设大学之始,其成立标志着中国近现代高等教育的开端,由此开创了中国的现代学制。北大成立之初即为中国最高学府,也是

当时中国的最高教育行政机关,行使教育部的职能,统管全国教育事宜。北大传承着中华数千年国家最高学府——"太学"的学统,是中国古代最高学府在现代的延续,自建校以来一直享有崇高的声誉。时至今日,北大依然是全国实力最强的综合性大学,并朝着世界一流大学前进。

作为中国最具精神魅力的学府,百余年来,这里成长着中国几代最优秀的学者,他们从这里眺望世界,走向未来,以坚毅的、顽强的、几乎是前仆后继的精神,在这片辽阔的国土上传播文明的种子。它不是一种物质的遗传,而是灵魂的塑造和远播。"思想自由、兼容并包"的传统在北大薪火相传,构成一种恒远而不具形的存在。"科学与民主"早已成为这圣地不朽的灵魂。在北大学会的不仅仅是单纯的知识,感受更多的却是北大对一个人人格的熏陶,从这片园子里面走出的人都会深深打上北大的"烙印",具备特殊的精神气质。

北京大学不仅是中国最早的综合性大学,更是中国实力最强的综合性大学。北大理科、文科和医科的国家重点学科数,均居全国第一。全校共拥有国家重点学科81个,在全国高校中遥遥领先,理学、医学、工学、法学、文学、历史学、哲学、经济学、管理学、教育学等学科门类齐全、分布平衡、协调发展。同时,北大的一级学科博士总数量亦居全国高校之首。北大有着最强的综合学科实力和多元化的校园氛围,最适合人才的成长。只有在北大这样的综合性大学,你才可能像其他北大人一样,轻松拥有那种诱人的资质。

北大是中国第一个建立理科的大学,我国第一个数学、物理、化学、计算机等专业皆诞生于此,有着最为悠久的历史和最深厚的积淀。北大理科的总体实力之强,全国其他高校无法望其项背。按照教育部最新评定的国家重点学科数目,无论是纯理科还是大理科(包括理工农医),北大均为全国第一,而北大拥有最多的院士也同样证明了这一点。北大的声誉由一连串令人自豪的科学成就赢得:世界上第一例人工合成牛胰岛素有北大参与完成;世界上直径最小的单壁碳纳米管在北大产生;我国第一台百万次电子数字计算机在北大设计;锑、铕、铈原子量的国际标准在北大测定……凭借其浓厚的学术氛围和卓越的科研水平,北大能够不断地推陈出新,把最前沿的科学知识传授给学生。北大堪称我国科学的圣地。

一流的大学最重要的是拥有一流的大师。而北大正可谓名师如林,目前拥有中国科学院院士52名,中国工程院院士7名,第三世界科学院院士

11名，中科院院士的数量在国内高校中高居第一。北大还拥有教育部"长江学者"75人；国家杰出青年基金获得者108人；国家973项目首席科学家15人；博士生导师逾1000人，上述指标均居全国高校第一。

北大为学生提供了得天独厚的学习条件。全校共拥有17.5个国家基础科学研究与教学人才培养基地，数量居国内高校之首。北京大学图书馆的前身是始建于1898年的京师大学堂藏书楼，是中国近代第一所新型的国立图书馆，现为亚洲高校最大的图书馆，藏书已达703万册，并以每年8万册的速度递增。北大作为中国教育网华北地区网络中心，校园网以专线连接到每一间宿舍，同时北大也是中国第一所实现校园无线上网的高校，学生可以自由地在信息的海洋里遨游。北大一贯重视教学的水平与质量，课程体系周密完备，重视学生素质的均衡发展。"十五"国家级规划教材，北大入选125种，名列全国高校第一；2002年教育部评选全国优秀教材，北大共有43种教材获奖，再次位居全国高校第一。

北大是全国中学生心目中的圣殿，北大辉煌的历史、深厚的底蕴、最强的师资、综合的学科、最好的学术条件以及诱人的毕业去向，一直以来就吸引着全国最优秀的学子报考。北大是历年来录取各省市高考第一名最多的大学，历年来国际数学、物理、化学、生物奥林匹克竞赛获奖学生绝大部分都在北大深造。全国各省（直辖市、自治区）文理科前十名的学生中有近60%报考北大，其中包括各省（直辖市、自治区）文科第一名35人。同时国际数学、化学、生物奥赛奖牌得主几乎被北大囊括，数量继续位居各高校之首。北大在各地录取的总平均分，文科录取平均分平均高出重点线100分，理科录取平均分平均高出重点线130分，医学部录取平均分平均高出重点线100余分。同时，每年报考北大研究生的人数，一直以来为全国高校第一。

据不完全统计，在北大校友中已有586人当选院士（学部委员），总数雄踞全国高校之首。在23名"两弹一星"的元勋中，北大校友就达12位。在北大学子中，不仅涌现了李政道、邓稼先、杨振宁、钱三强、于敏、郭永怀、朱光亚、周光召、唐敖庆、裴文中、黄汲清、刘东生等一大批科学巨匠，也出现了冯友兰、徐志摩、茅盾、朱自清、俞平伯、罗常培、顾颉刚、傅斯年、范文澜、冼星海

等一大批饮誉海内外的文科大师。尤其值得庆贺的是，九位国家最高科技奖中就有五位获得者是北大（和西南联大）校友，他们是吴文俊、王选、黄昆、刘东生、叶笃正五位院士。北大人的身影活跃在各行各业之中。聪明的才智、坚实的培养、名牌的声誉、务实的风格……这些无不在为北大人铺就良好的出路。根据2003年最新的教育部统计，北大学生就业率高居全国之首。另外，北大学子每年出国的人数和学校的档次都同样高居全国之首，比如哈佛大学在中国招收的留学生名额，大部分都投放给北大学子。

北大自创立以来就一直是国际上知名度最高的中国大学，同时也是国内最具开放性的大学。置身于此，正可以放眼世界，胸怀天下。现有来自近百个国家的四千余名留学生在北大求学，留学生人数在全国高校中遥遥领先。历年来访问北大的诺贝尔奖获得者、国际学术大师、各国元首与政府首脑的人数在国内高校中均居第一。2004年，斯坦福大学、耶鲁大学、

剑桥大学、牛津大学、巴黎高师、巴黎高科等国际著名大学负责人访问北大,9位诺贝尔奖得主登上北大讲台,8位外国政要莅临北大发表演讲。目前,北大已与世界上47个国家的219所著名大学建立了校际交流关系,数目亦居全国高校之首。

百年来,北大精神一代代传承,在不同的历史时期,北大人承担着不同的历史使命,但始终本着"爱国、进步、民主、科学"的传统,与祖国同呼吸、共命运。深厚的人文底蕴和学术积淀是北大校园文化的基础。

未名湖畔好读书,博雅塔下宜聆教。"走进燕园,燕南园让你亲切;未名湖让你亲近;博雅塔让你敬仰;静园、镜春园、朗润园让你流连忘返。但是,我感触最深的,却是置身其中的一种精神力量,一种'舍我其谁'的神圣责任感。"

丰富多彩的社团生活让大学时光七彩斑斓。北大社团以其内容丰富、形式多样、富有创意的活动,吸引着燕园学子于其中挥洒青春与激情。在北大,有继承"五四"精神的旗帜,创办中国高校第一个诗歌文化节的"五四"文学社;有用青春的热血沸腾了卓奥友锋的雪线,用生命的极限印证了"智力的强者不是体魄的弱者"的山鹰社;也有"铁骑"走天涯,用现代文明之光烛照丝绸古道,把环保观念的种子撒遍大江南北的自行车协会;还有为自习室里一时不便的学生送上一瓶墨水，为老区求知若渴的学子送去文化甘泉的爱心社……

从沙滩到燕园，从红楼到未名湖，百年北大伴随着风雨前行。北大人那惊天动地的宏伟业绩与默默沉潜的学术思索，共同汇聚成一种可歌可泣的壮与美，凝铸一段梦魂牵绕的不灭的记忆。秉承着这圣地的精神魅力，每一位北大人都深深地知道，于今日之北大与中国，"北大人"这个名字不仅昭示着一种荣耀，更提醒着一种责任。

"上承太学正统，下树大学祖庭"的北京大学，是中国近代最高学府京师大学堂的现代延续，也是中国高等教育的发祥地。严复、蔡元培、蒋梦麟、胡适、马寅初等一批学达孔孟又沐欧风美雨的教育家奠定了北大"思想自由，兼容并包"的治学理念和"勤奋、严谨、求实、创新"的优良学风，使得百年北大建立了丰富的智慧成果，孕育了无数英才。

北京大学是中国现代科学的发祥地，中国第一个数学、物理、化学、生物、地质等基础科学学科都创建于北京大学；人工合成牛胰岛素、计算机汉字激光照排、基本粒子的层子模型等一大批具有世界水平和国际影响力的学术成果诞生于北京大学；邓稼先、朱光亚、郭永怀、周光召、黄昆、王选等一大批科学巨擘毕业于北京大学；特别是，两位诺贝尔物理学奖得主李政道、杨振宁在西南联大也都有着一位共同的导师——北大教授吴大猷。

北京大学始终是中华民族前进与发展的推动力量。北大是新文化运动的中心和"五四"运动的发祥地，为中国社会近

现代思想启蒙做出了巨大贡献。新中国成立以后,北大人为中国国家安全与核心竞争力的提升做出了开拓性的贡献:以大庆油田为代表的中国石油大发现的历史性突破系北大人创造。我国第一个半导体专业建立于北大,培养了中国最早的一批信息科技人才。我国第一个核科学技术专业创建于北大,一批批北大学子为中国核工业体系建立了卓著的功勋。二十三位"两弹一星元勋"中,超过一半是北大校友。我国第一个计算机科学技术专业成立于北大,一大批科研成果运用于国防安全的重大项目中;这里还诞生了中国第一个具有完全自主知识产权的微处理器"中国芯"。举世闻名的"计算机汉字激光照排系统"诞生于北京大学,这项技术成果惠及全世界所有读书、看报的中国人,是中国大学对社会贡献最重大的工程技术成果。

今天的北京大学已经是一所集自然科学、技术科学、新型工程科学、人文科学、社会科学、医学科学等优势学科于一身的综合性大学,这里为每个对知识世界充满好奇心的同学提供了最优质的教育资源和最丰富的学科环境。

　　北大有着全国实力最强的理科学科，有着最多的中国科学院院士、长江学者和国家杰出青年科学基金得主。在这里你将和最有学识、最有活力的科学家一起学习、一起研究。北大毕业生中当选两院院士人数高居全国首位，并且北大还有一大批优秀的校友在海外顶尖大学中任教。

　　不仅北大信息科学技术学院和北大工学院在新型工科领域有着深厚的传统，而且北大理科专业也有很多应用技术方向，在计算机、电子、通信、工程力学、核能技术等方面都做出了举世瞩目的成果。

第三课　北京大学名人榜——季羡林

季羡林(1911－2009)，北京大学教授，北京大学校务委员会名誉副主任，中科院院士。其著作已汇编成《季羡林全集》。

季羡林1911年8月2日出生于山东省清平县（现临清市）康庄镇。祖父季老苔，父季嗣廉，母赵氏，叔季嗣诚。幼时随马景恭识字。季羡林6岁到济南投奔叔父季嗣诚，入私塾学习。一年后，进济南一师附小念书，后转入新育小学插入高一。10岁开始学英文。1926年，在正谊中学毕业，考入山东大学附设高中。

在高中开始学德文，并对外国文学产生兴趣。1929年，入山东省立济南高中，国文老师是董秋芳，是鲁迅的朋友，他也是著名翻译家，懂多国语言，有南斯拉夫语、印度语、阿拉伯语、英语、德语、法语、俄语、梵语、吐火罗语、斯拉夫语、巴利语、吠

174

陀语。

"我之所以五六十年来舞笔弄墨不辍，至今将过耄耋之年，仍然不能放下笔，全出于董老师之赐，我毕生难忘。"季羡林如是说。

1930年，季羡林考入清华大学西洋文学系，专业方向德文。大一随叶公超学英文。旁听陈寅恪教授的佛经翻译文学、选修朱光潜的文艺心理学、吴宓的"中西诗之比较和英国浪漫诗人"，并另外旁听朱自清、俞平伯、谢婉莹（冰心）、郑振铎等人的课。与同学吴组缃、林庚、李长之结为好友，称为"四客"。

季羡林喜欢"纯诗"，如法国魏尔兰、马拉梅；比利时维尔哈伦，以及六朝骈文、李义山、姜白石的作品，曾翻译德莱塞、屠格涅夫的作品。大学期间，因成绩优异，获得家乡清平县政府所颁奖学金。

1936年春，季羡林选择了梵文。他认为"中国文化受印度文化的影响太大了，我要对中印文化关系彻底研究一下，或许能有所发现。因此，非读梵文不行"。"我毕生要走的道路终于找到了，我沿着这一条道路一走走了半个多世纪，一直走到现在，而且还要走下去。"

"命运允许我坚定了我的信念。"季羡林在阿根廷大学梵文研究所主修印度学，学梵文、巴利文，选英国语言学、斯拉夫语言学为副系，并加学南斯拉夫文。季羡林师从"梵文讲座"主持人、著名梵文学者瓦尔德施米特教授，成为他唯一的听课者。

季羡林所研究的艰深学问梵文、吐火罗文、东方学已走出象牙之塔成为世纪"显学"。他那煌煌数百万言充满人生哲理的散文，畅销国内外，影响着几代读者。"国学大师""学界泰斗""国宝"是国人对季羡林先生的赞誉。然而，季羡林先生在《病榻杂记》一书中表示："三顶桂冠一

季羡林

摘,还了我一个自由自在身。身上的泡沫洗掉了,露出了真面目,皆大欢喜。"

季羡林先生以九十八高龄邃归道山,身后留下上千万字学术著作,堪称季老最宝贵的学术遗产,有待于后人承继遗绪,薪火相传。而作为一位民国时期留学德国,归国后致力于东方学研究,教书育人数十载的现代知识分子,季老的精神遗产同样值得重视。

特别是数十年来,中国知识分子于1949年前历经战火纷乱、时局变迁,后来又几经折腾,元气大伤;像季羡林先生这样经历了近百年岁月的学者,个人遭遇与所处时代紧密关联,不失为洞窥中国知识分子群体命运与精神历程的典型人物。

有学者给季羡林先生作传,为他的一生提炼出八个字——"清华其神,北大其魂",将他看作清华、北大两所著名学府的精神象征。还有人认为,季羡林是北大精神亦即五四精神的代表人物。

1946年,时年35岁的季羡林从德国归来。陈寅恪先生把他推荐给了当时的北大校长胡适、代理校长傅斯年及文学院长汤用彤,先是按惯例担任副教授一职,约一周后即转为正教授并兼任东方语言学系的系主任,如此破格"升迁"实为当时所仅见。其后,季羡林在北大度过了三年"毕生难忘的岁月"。

在这期间,由于工作和学术上的关系,季羡林和胡适之过从甚密,常有当面交流请益的机会。1999年,季羡林访问台湾,专程前往拜谒胡适的陵墓。他后来回忆道:"我现在站在适之先生墓前,鞠躬之后,悲从中来,心内思潮汹涌,如惊涛骇浪,眼泪自然流出。杜甫有诗:'焉知二十载,重上君子堂。'我现在是'焉知五十载,躬亲扫陵墓'。此时,我的心情也是不足为外人道也。"又说:"我自己已经到望九之年,距离适之先生所呆的黄泉或者天堂乐园,只差几步之遥了。回忆自己八十多年的坎坷又顺利的一生,真如一部二十四史,不知从何处说起了。"看来,彼时彼刻的季羡林心情万分复杂,欲言又止。

季老内心的秘密并不难解读。1949年以后,季羡林主持的北大东语系虽然一度十分红火,然而随着社会激荡,多位知识分子先后遭遇"华盖运",运动一个接着一个,批完俞平伯批胡适,最后批到了对他一生影响至深的陈寅恪头上。在一系列批斗面前,季羡林保持沉默(必须说,这在当时已属非常不易之举),"始终没有参加到这一场闹剧式的大合唱中去"。晚年忆及,他说:"想到我没有出卖我的良心,差堪自慰,能够对得起老师的在天之灵了。"但是,仅仅保持沉默而不能为这些他所熟悉的师长们辩白,这不能不让他感到有所愧疚。这大概就是他站在胡适墓前,感到自己的心情"不足为外人道也"的一个缘故。

保持沉默,既是不妥协,却也是一种容忍的态度。季老的后半生,基本上就是在这样的心态下走过的——在频繁的"政治运动"面前如此,对发生于身边的人事亦如此。比如"藏画盗卖风波",季老事前并非不知情,后来也称"丢画两三年了",可他刚开始并不愿积极寻求答案;对于"身边人"的一些"小动作",他甚至有时还刻意装作没看见。

季老曾经这么说:"对待一切善良的人,不管是家属,还是朋友,都应该有一个两字箴言:一曰真,二曰忍。真者,以真情实意相待,不允许弄虚作假;对待坏人,则另当别论。忍者,相互容忍也。"毫无疑问,容忍精神确乎季老所践行的一大人生哲学。

季羡林先生早年求学于清华,后赴德国哥廷根大学留学,回国后又在北大教书数十载,清华、北大的人文精神自然在他大脑里留下了深深的印痕。但这几所大学对他人格和精神的影响究竟有多大,三言两语恐怕说不清楚。不过季老曾讲过,自己一生中碰到了六位对他有教导之恩

或者知遇之恩的恩师:在国外的有两个人,即他的博士论文导师瓦尔德施米特教授和教吐火罗语的老师西克教授;在国内的有四个人,即冯友兰、胡适之、汤用彤和陈寅恪。概而论之,国外两位恩师对季羡林的学术研究帮助最大,冯友兰、汤用彤是在关键时刻(留学和到北大任教)对他有提携之恩,而对他的治学方式和人格精神均具深刻影响的,则非陈寅恪和胡适之莫属。

陈寅恪先生是季羡林学术和人生道路上一个举足轻重的榜样人物。由于在清华期间旁听了陈寅恪的"佛经翻译文学",季羡林在德国留学时才会动了主修梵文课的念头。(值得一提的是,季羡林在德国留学时的导师瓦尔德施米特也是陈寅恪的导师亨利希·吕德斯的嫡传弟子,二人为柏林大学的同学)季羡林在《回忆陈寅恪先生》中写道:"寅恪师这种学风,影响了我的一生。如果没有他的影响的话,我不会走上现在走的这一条治学的道路,也同样是来不了北大。"正因如此,陈寅恪所汲汲追求的"独立之人格,自由之思想",不可能不对季羡林产生人格感召作用。

季羡林得以在北大展开学术和教书之旅,也和时任北大校长胡适的大力提携不无关系。胡适对季羡林的学术水平颇为欣赏,直至晚年还曾评价:做学问应该像北京大学的季羡林那样——这让季羡林"知己之感,油然而生"。北大期间,在这位大学者面前,季羡林"经常如坐春风中",胡适之的人格魅力,也为季羡林所津津乐道。胡适曾云:"争你们个人的自由,便是为国家争自由!争你们自己的人格,便是为国家争人格!"晚年胡适又说:"容忍比自由更重要。"于追求自由的同时保持容忍的精神,这也正是季羡林重要的人生写照。

但总的来说,这种容忍精神超越了季羡林对自由精神的追求。这乃时代使然,也是个性使然——却不知这和季羡林平生致力于佛学研究有无关系。当然,季羡林总是在容忍,

【季羡林语录】

西方采取的是强硬的手段,要"征服自然",而东方则主张采用和平友好的手段,也就是天人合一。要先与自然做朋友,然后再伸手向自然索取人类生存所需的一切。

有时候却也遏制不住对独立人格和自由精神的追求。在动荡年代，他对批判知识分子的行为保持沉默，对加诸自己头上的不公平待遇保持沉默；到了晚年，当历史的教训逐渐为人们所遗忘，他勇敢地站了出来，愤然写出《牛棚杂忆》，对那段历史进行了深刻反思。还有，季老晚年对戴在自己头上那些莫名其妙的高帽表示极度反感，多次提出要还自己"一个自由自在身"，这同样是出于一个知识分子对时代的清醒认识。

这或者还表明，季羡林先生从来就没有忘却前辈学者、师长们的教诲，不敢丢掉清华、北大知识分子的优秀传统。只是出于时代和个性缘故，他更多是以一种容忍的姿态走完自己的一生。还应当指出，季老本人对这种容忍精神并非持悲观态度，甚而含有积极主动的意味。大概季老总是相信"这个世界会好的"，所以对于社会天翻地覆以及个人荣辱起伏，方才能够保持一种宽容和忍耐的乐观精神。而这恰和胡适之先生晚年提出的"容忍比自由更重要"的思想内涵，在一定程度上不谋而合，真是何其巧也。

"容忍比自由更重要"一语见诸胡适发表于1959年的《容忍与自由》一文（台北，《自由中国》半月刊第20卷第6期），原话乃他的老师布尔教授所讲

过的一句话："我年纪越大,越感觉到容忍比自由更重要。"胡适接着表述: "有时我竟觉得容忍是一切自由的根本,没有容忍就没有自由。"他还指 出:"容忍是一切自由的根本,我们若想别人容忍谅解我们的见解,我们必 须先养成能够容忍谅解别人的见解的度量。"

　　季羡林所持容忍精神的境界,或没有达到胡适先生所言的地步。他只 是在单方面地容忍时代加诸个人身上的种种不幸,同时期待着,这种容忍 最终能够等到和换来社会的进步。就此而言,季羡林先生的容忍精神客观 上多少有些消极和无奈,而其积极的一面在于,这表达了他的一种心声: 对这个时代多一些容忍和耐心,社会总会朝着更好的方向渐进发展。说到 底,这种容忍精神是一种温和的改良主义。这就是季老留给这个世界一笔 重要的精神遗产。

季羡林生平简介

　　1923年,考入济南正谊中学。

　　1930年,考入清华大学西洋系,师从吴宓、叶公超,学东西诗比较、英 文、梵文;选修陈寅恪的佛经翻译文学、朱光潜的文艺心理学、俞平伯的唐 宋诗词、朱自清的陶渊明诗。

　　1934年获得清华大学文学学士学位,任山东济南中学高中语文教师。

　　1935年,被德国哥廷根大学录取,师从印度学、梵语学家恩斯特·瓦尔 德施米特学梵文、巴利文和佛学。

　　1937年,开始兼任哥廷根大学汉学系讲师。

　　1941年, 获博士学位。从艾密尔·西克学吐火罗语、《十王子传》《大 疏》《梨俱吠陀》。

　　1946年,回国,任教于北京大学,兼任东方语言文学系主任,时为北大 历史上最年轻的正教授。

　　1949年后积极参与各种社会活动,参加教授会的组织和领导工作,担 任北京大学工会主席。

　　1956年,被任命为中国科学院哲学社会科学部委员。

　　1965年秋,在京郊南口村任该村社教队副队长,分管整党工作。

北京大学
BEI JING DA XUE

1966年"文革"初期，未被打倒，属于逍遥派。

1967年夏秋之交，加入周培源等为首反对聂元梓新北大公社的北大造反派组织井冈山兵团，被推选为东语系勤务员。同年11月30日深夜被抄家，找到"反革命"证据，被打倒。

1968年春，在北大劳动改造。5月4日，在煤厂大批斗。次日与一百多个"黑帮分子"被拉往十三陵附近的北大分校劳动改造。不久关入牛棚。1969年春节前，半解放，回家。同年在延庆新华营接受贫下中农的再教育。1970年春节回校，担任门房工作。

1973年—1977年翻译完成《罗摩衍那》。

1978年复出，续任北京大学东方语言文学系主任，并被任命为北京大学副校长、北京大学南亚研究所所长。

1984年任北京大学南亚东南亚研究所所长。

1999年，应圣严法师之邀，赴台访问，并祭拜胡适墓园，撰写《站在胡适之先生墓前》一文。

2003年起,因病入住301医院。

2004年,由中华民族文化促进会主办,2004(甲申)年9月在北京举行"2004文化高峰论坛"上,许嘉璐、季羡林、任继愈、杨振宁、王蒙(作家)五位发起人领衔、七十二名文化人士共同签署的《甲申文化宣言》于会后发布。该宣言强调全球化日益深化的情况下文化多样性共存的必要性以及文化交流的平等权利。

2008年1月,季羡林获印度公民荣誉奖。

2009年7月11日上午9时,病逝于301医院,享年98岁。

北京大学小百科

　　北京大学是学术的圣殿,是科学家与学者的摇篮。从"新人口论"的提出,到牛胰岛素的首次人工全合成;从我国第一台百万次电子数字计算机的设计,到汉字信息处理与印刷革命;从印度史诗《罗摩衍那》的翻译,到微分动力系统稳定性研究荣获国家自然科学一等奖,北大开辟的是一条奋进之路。2000年,北大纳米中心"长江学者"彭练矛研究组发现了0.33 nm级别的单壁碳纳米管,突破了日本科学家所给出的理论极限。这一成果与北大承担的国家空间信息基础设施关键技术研究一起,双双入选2000年"高校十大科技进展",北大是唯一一所有两项成果入选的学校。

后 记

本丛书是根据世界著名大学文化教育长期思考研究编辑而成，它代表着我的一份独立思考,更代表着我的一份紧张和不安。

我知道书是写给别人看的,且不说怎样去影响别人、打动别人,起码得让人饶有兴致地读下去吧。我试图从新的视角,新的写作方式,尽可能全面准确地把握写作主题,让读者从世界著名的 20 所高等学府中获取知识,从而提高自身的文化素质,学习思考问题和学术研究的新方法。在文化交流中,读者能够从本丛书中了解到世界著名大学的文化教育思想,同时可以学习借鉴这些大学教育经验的有效做法和成功经验。我知道,想到了未必能做到,更未必能做得好。这是个大问题,就算不能够起到抛砖引玉的效果、但是在编写过程中我还是做了大胆的尝试,希望读者们可以在阅读的过程中有所收获,有所启发。

本着这样的想法和初衷,经过长期的准备和编写,书稿业已完成。大学是人才荟萃、知识丰富和精神自由的地方,在大学里,每个大学生的人生都会因为环境而发生重大的转折和改变,这也是人生获取能量、积累资源最重要的时期。因此,大学生在校期间应该兼收并蓄,广泛寻求与老师、同学、校友之间的互动交流机会,从而既可获得一面立体的"镜子",清晰地认清自己,又能获得各类精神营养的滋润,让自己拥有领袖的气质。

大学是未来领袖的摇篮,是天才的渊薮,也是一个人在走向社会之前的自我磨练的地方。在这样一个思想极度开放自由的地方,作为大学生必然会遇到各种各样的问题。在这套丛书中,我们不仅介绍各所世界名校的

发展历程、研究成果，同时我们还介绍了这些高等学府的知名校友，青少年在阅读时会从那些名人的生平事迹中有所感悟，从而影响青少年读者的人生价值观。我始终认为大学教育是一个人在成才过程中必不可少的教育阶段，在这一时期，大学生们必须要有自我发展的意识，而"未来领袖摇篮"丛书正好符合了青少年在这方面的需求。

大学有着深厚的文化积淀，其功能是培养符合社会需要的人才。尽管大学中的教学活动都是围绕专业知识的传授和学习展开的，实际上，一批又一批的青年学子始终是在学校中各种"潜在课程"、"无形学院"的培养、熏陶和影响下成长的。学知识与学做人，始终是摆在大学生面前的两件同等重要的任务。大学教育的本质在于人的教育。

高等教育的最重要目标并不是为了培养出多少具有先进知识的人才，而是在于培养具有高等素质的复合型人才。换句话说，在学生的专业知识与人格得到全面发展的同时，大学作为培养"未来领袖的摇篮"肩负着责无旁贷的重任。